교회바로세우기 1

침례교회 신앙고백

- 한국교회가 주목해야 할 또 하나의 유산 -

옮김 | 임원주

추천 | 피영민 목사

가나다

침례교회 신앙고백

〈 교회바로세우기 1 〉

임원주 옮김

1판 1쇄 발행 2006년 4월 1일
1판 2쇄 발행 2011년 7월 1일

발 행 처 . 가나다출판사
발 행 인 . 이현주, 엄태현
출판등록 . 2006-11호(2006.11.3)
경기도 광주시 역동 135-33 202호(tel 0502-987-9870, fax 031-287-9870)
| 물류센터 | 경기도 용인시 중동 676-1 라비스타상가 B동 210호
이 메 일 . here@nown.biz
홈페이지 . nown.biz

값은 뒤표지에 있습니다.
ISBN 978-89-92065-01-6 03210

침례교회 신앙고백

제2차 런던 신앙고백서
(The Baptist Confession of Faith 1689)

벤자민 키치의 신앙문답

찰스 스펄전의 퓨리탄 신앙문답

◆ 추천의 글

고백없는 신앙은 참된 신앙이 아니라는 말이 있습니다. 침례교인들은 역사 속에서 끊임없이 자신들의 신앙을 고백서로 표현해 왔습니다. 영국의 특수침례교인들은 17세기에 두 가지 중요한 고백서를 채택하였습니다.

하나는 1644년의 제1차 런던신앙고백서로서 이전에 나온 영국 분리주의자들의 신앙고백의 영향을 받은 고백서였습니다. 다른 하나가 바로 1689년의 제2차 런던신앙고백서로서 특수침례교회의 가장 근간이 되는 고백서입니다. 웨스트민스터고백서(1645년)와 회중교회의 사보이선언을 참고했을 뿐만 아니라 침례교회의 독특한 교회론을 선포한 것이었습니다. 제2차 런던신앙고백서는 미국으로 건너가서 회중찬송과 안수에 관한 두 개 조항이 첨가되어 1742년의 필라델피아신앙고백서가 되었습니다. 이 고백서는 미국 침례교회의 신앙의 근간이 되었습니다.

신앙고백서는 워낙 함축적인 언어로 기록되었기 때문에 읽고 이해하기가 난해하지만 잘 소화하면 영적인 고기가 될 것입니다.

임원주 목사님의 탁월한 언어능력과 신학적 이해력을 통해 번역된 이 고백서와 아울러 키치와 스펄전의 요리문답은 교회교육의 근간으로 삼으면 유익할 것입니다.

2006년 3월 18일

강남중앙침례교회 담임목사 피영민

한글번역의 출판

런던신앙고백서가 존재한다는 것을 처음 알게 된 것은 은사이신 피영민 목사님이(강남중앙침례교회 담임) 대전침례신학대학에서 강의하실 때이니, 그 사이에 적지 않은 시간이 흘렀다. 목회현장을 접하면서 침례교인과 교회의 역사적 정체성과 위상의 확립이 단순히 침례교회 차원에서 끝나는 일이 아니고 한국 기독교의 역사적 진로와 맞물려 있고 장래 한국교회를 위해 무엇인가 기여하기 위해서는 '런던신앙고백서' 가 보여 주는 모습을 발견하여 천명하는 것을 피할 수 없다고 깨달았다. 침례교회는 '침례를 회복하였다'라는 익히 알고 있는 사실 이외에도 그 교회론은 오늘날 한국교회와 사회가 다시금 주목해야 할 역사적 성취를 유산으로 물려받았다는 사실을 확인하는 것이다. 그러므로 근본으로 돌아가기 위해, 신학도와 지도자적 교인들을 위해 신앙고백서를 번역하여 3년 전에 번역을 끝냈다. 심지어 1년 전에는 ARBCA라는 미국 개혁주의 침례교회 단체가 출판을 재정적으로 후원하기로 하였으나 단체의 사정과 미국 내의 구호활동 상의 필요 때문에 중단되기까지 하였다.

침례교회

침례교인들과 교회들은 16세기 잉글랜드 종교개혁에 그 뿌리를 두며, 분리주의 청교도운동에서 갈라져 나왔다. 잉글랜드 교회의 신학과 사상은 칼빈주의 신학을 따른다는 점에서 개혁교회의 일원이다. 1644년 런던을 중심으로 한 일곱 침례교회가 모여 공동으로 발표한 첫 번째 런던신앙고백서부터 분리주의 청교도사상과 도르트 캐넌의 정신을 충실히 따르고 있다는 점을 분명히 하였다. 1689년에 모인 칼빈주의적 침례교회 총회에서 정식으로 채택된 이 제2차 런던신앙고백서 역시 분리주의 청교도들의 사보이선언을 전적으로 반영하여 갱신한 것이다. '사보이선언서' 작성자 및 서명자들 가운데 '웨스트민스터신앙고백서' 작성에 참여한 인사들이 있고, 사보이선언서 자체가 근본 및 주요 표현에 있어서 웨스트민스터와 유사하기 때문에, 침례교회신앙고백서가 웨스트민스터신앙고백서의 영향을 받았다고 평가하는 사람들도 있다. 하지만 침례교인들은 사보이선언서를 따랐을 뿐만 아니라 침례교회 정신을 반영하여 훨씬 나은 신학적 발전을 보여 줬다는 것이 우리의 확신이다.

성례전에서는 신자침례를 회복하였고, 교회론은 회중주의적 교회구조와 정치원리에서 분리주의적 청교도신학을 뛰어넘었다. 그것은 근대 사회와 질서에서 참조할만한 원리였다. 물론 회중주의제도를 민주주의 쪽으로 끌어당겨 성경에 반하거나 인본주의적인 면모를 부각시킬 위험도 없지는 않지만 신앙고백서에서는 이에 대한 무게중심을 충분히, 성경의 가르침에 따라 하나님 중심주의와 하나님의 주권에 둠으로써 그러한 오류에 빠지지 않았다는 것을 확인할 수 있다.

교회가 성경의 기준에 부합하도록 바로 서는 일은 하나님의 은혜와 사람의 철저한 복종으로써만 가능한 일이지만 그 기준은 신앙의 조상들에게 이미 여러 가지 모양으로 알려졌다. 그러므로 교회와 신앙을 참되고 올바르게 세우기를 원할 때마다 그 기준으로 돌아가면 되는데, 그러한 복귀는 "신앙고백서"를 통하는 것이 가장 확실하다. 신앙고백서는 한낱 '고백'이며 '말과 글'에 불과할 수 있다. 우리 대부분은 그렇게 생각해 왔다. 그러나 그 "말과 글"은 하나님의 뜻과 하나님이 기뻐하시는 지식이 체계화된 무게가 담긴 것이다. 바로 여기에서 우리는 하나님의 영광을 향한 발걸음을 온전히 시작할 수 있을 것이다.

"침례교인(baptist)"의 등장

"침례교인(회)"이라는 명칭은 그 자체, 뱁티스트(baptist)라는 명칭을 공식적으로 자기 정체성을 확인하는 것으로써 채택하게 된 과정과 그 중요성을 확인하는 것이다. 그러기에는 뱁티즘이 유럽의 신학 발전에서 차지한 의미와 그 제도화, 종교개혁적 발견과 투쟁을 먼저 확인해야 한다.

■ 중세교회 부패의 핵심_참회의 제도화

오늘날 우리가 이해하고 있는 참회(懺悔) 혹은 회개(悔改)는 성령의 역사로 말미암아 거룩하신 하나님 앞에서 자신의 부끄러움을 깨닫고 마음으로 깊이 인정하는 지극히 개인적인 내면으로부터 시작되는 것이다. 하지만 8세기경 콜룸바(Columba)에 의하여 유럽에 소개된, 일종의 믿음의 벗에게 자신의 마음을 털어놓음으로써 개인의 경건을 고양하는 수도적 관행은 그 너무나도 탁월한 효과로 인해 서서히 "제도화" 되기 시작하였고 대략 9세기 말에서 10세기 경에는 제도화된 모습을 갖추게 되었다. 이렇게 제도화된 참회는 세 가지 요소, 즉 ① 심령의 비탄, ② 사제 앞에서의 고백, ③ 교회에 의해 규정되고 사제가 명령한 보속 행위를 갖추어야 적절한 참회라고 여겨지게 되었다.

첫 번째 요소인 심령의 비탄도 타인의 눈에 비치는 모습을 중시하는 쪽으로 전락하게 되었고, 사제 앞에서 고백해야 한다고 규정함으로써 하나님과 사람 사이의 중보자로서 사제의 역할이 도입되었다. 12세기 경에 이르러서는 성례전을 일곱 개로 확정하고 사제의 역할 가운데 중요한 것을 다음 세 가지로 규정하였다. 첫째, 죄인을 위해 용서를 간구하며 성자의 중재를 간구한다. 둘째, 하나님께 "부디 진정하여 주시옵소서"라고 기도한다. 셋째, 죄인을 향해 사면을 선포하고 보속행위를 정해 준다.

이렇게 함으로써 참회를 내적 체험과 성령의 역사라는 영역에서 외적 행위의 영역으로 바꾸었다. 자발적 심령의 활동에서 규정에 따른 의무적 행위의 문제로 바뀌게 되었다. 참회를 아버지 하나님과 사람 사이의 관계 문제에서 비인격적 인과응보 관계의 문제로 바꿔 놓았다. 마치 하나님의 활동을 "과속 감시 카메라"와 "스티커" 그리고 "범칙금 납부"의 관계처럼 만들어 놓았다. 그리고 무엇보다도 "보속 행위"를 물질적으로 규정하였고, 공정성을 확보하기 위하여 일종의 "요금표"까지 등장하게 되었다. 경우에 따라서는 미리 일 년치를 납부하거나 다른 사람들을 고용하여 보속 행위를 하는 관행까지 생기게 되었다. 즉, 종교를 물질주의화하고 말았던 것이다.

참회 혹은 회개를 외적 행위로 만들게 된 동기는 새롭게 유럽의 주민으로 이동해 온 게르만족을 복음화하기 위한 너무나 편리하고도 효과적인 방편이었다. 하지만 이런 제도적 이해로 말미암아 기독교에 대한 이해를 낮고 천박한

수준에 머물러 있도록 만들었고, 기독교의 영성을 심각하게 훼손하고 말았다. 따라서 건전한 신학적 지성이 대두하고 초대교회의 순수성에 관심을 갖게 되면 이 제도는 언제든 도전받을 수밖에 없었다. 이러한 종교개혁은 동유럽에는 없었고 오직 서유럽만의 현상으로 요청된 것으로써, 참회의 외적 제도성을 깨뜨림으로써 재복음화를 이룬 것이라고 평가할 수 있는 것이다.

중세 참회제도의 첫 고리_뱁티즘

11세기 후반에서 12세기 초엽 사이에 확정된 로마교회의 일곱 성례전은 로마교회의 종교성을 유지하는 근간이었다. 이 일곱 성례전의 첫 번째 성례전이며 사실상 평생에 걸쳐 단 한 번 받는 것이 뱁티즘(세례)이었다. 침례교인으로서의 우리는 뱁티즘의 내용뿐만 아니라 양식(樣式)까지도 중시하여 "침례"라고 하지만, 16세기 말까지는 그 양식 이전에 뱁티즘의 내용과 개념 그 자체에 심각한 오류를 가지고 있었다.

중세 신학에서 하나님의 참 백성이 되기 위해서는 그리스도를 마음으로 믿는 것으로는 부족하여 여기에 "뱁티즘"을 첨가한 셈이다. 즉 "믿음+뱁티즘=구원"이라고 보았던 것이다. 이것은 믿음+할례=참 이스라엘(즉, 구원)이라고 보았던 유대종교의 서유럽 중세판이라고 할 수 있다. 그리고

"뱁티즘" 자체도 의사능력이 아직 없던 갓난아이 시절에 부모에 의해 받았으므로 나중에 본인의 신앙을 다시 물어보는 "견진"(Confirmation)을 통해 유아기에 받았던 세례를 다시 확증하지 않으면 안 되었다.

결국, 중세 제도에서는 그리스도를 믿는 마음으로도 부족하다고 본 셈이고, 성경의 뱁티즘을 유아세례라는 부족한 제도로 전락시켰고, "견진"이라는 성경에 없는 제도를 새로이 도입하여 보완하지 않을 수 없도록 만들었다.

종교개혁적 돌파와 뱁티즘

1517년 루터의 "95개조 반박문"은 면죄부를 비판하고 중단시키려는 단순한 의도로 시작하였지만 불과 4, 5년 뒤에는 중세 종교의 근본적인 중심 문제에 도달하게 되었다. 오직 믿음으로만 의롭게 된다는 이신칭의(以信稱義) 사상의 정립으로 이어졌고, 1530년 즈음에 이르러서는 참회 혹은 회개에 관한 복음적 정의에 도달하게 되었다.

참회 혹은 회개라는 말을 좁은 의미로 다룬다면 죄지음에 대한 뉘우침이지만 넓은 의미로 사용하면 구원(salvation)을 가리킬 수 있다. 종교개혁자들은 기독교 구원의 원리는 "이신칭의"라고 한 목소리로 천명하였고, 회개의 원리에서 사제의 개입과 사면 선포, 보속 행위의 규정, 그리고 유아세례와 견진의 효용성을 전면적으로 부정할 것을 요구하였다. 이것들은 중세적 로마교회와 개신교회의 특징을 나타내는 것 이상으로 기독교 구원의 원리 그 자체가 근본적으로 다르며 따라서 실질적으로는 서로 다른 종교라는 함의까지 내포하게 된다.

뱁티즘에 목숨 건 사람들

사제의 역할과 보속 행위 따위는 성경에 없으므로 제거하면 그만이지만 심각하게 왜곡된 뱁티즘은 그 왜곡된 개념 이해를 바르게 할 필요가 생겼다. 워낙 깊이 왜곡되었으므로 그것은 간단히 바로 잡을 수가 없었던 것이다. 그것은 크게 두 단계로 나누어 회복하였다. 첫 번째 단계는 "Believer's Baptism"의 회복이고 그 다음 단계는 침수침례의 회복이다.

■ "Believer's Baptism"의 회복

종교개혁의 후예인 우리는 참된 믿음 즉, 예수 그리스도를 자신의 구세주로 참 마음으로 영접하는 것으로 영적 이스라엘, 하나님의 참된 백성이 된다고 본다. 그러므로 오늘날 뱁티즘은 의사결정 능력이 있는 성인(成人)의 문제이며, 자기 영혼의 운명에 대한 자기 고민과 갈등 그리고 자기 결정의 문제인 것이다. 그러나 중세 때에는 부모들의 믿음과 결단으로 자녀인 갓난아이의 신앙을 보증하여 뱁티즘을 주는 것이 유아세례(Infant Baptism)였다. 즉, 중세 교회에서는 극히 이례적인 경우를 제외하고는 뱁티즘은 곧 유아세례를 의미했다.

또한 국가라는 개념도, 행정제도도 갖추어져 있지 않았던 시대에 유아세례 명부가 곧 오늘날의 출생신고와 주민등록 제도를 대신하였다. 그러므로 뱁티즘은 성인의 마음의 문제이며 마음의 고백에 입각하여 주어야 한다고 말할 때 사회적으로 두 가지 문제가 발생한다. 첫째는, 주민에 대한 철저한 통제와 통계를 어렵게 만들고, 이는 세금의 과세와 징수를 힘들게 만든다. 둘째는, 주민들이 "Believer' s Baptism"을 따를 때 자신과 자신의 자녀들을 법의 사각지대에 놓이게 만들 수 있다는 점이다.

스코틀랜드, 네덜란드, 제네바, 취리히 등의 경우처럼 국가 혹은 도시 전체가 종교개혁 진영에 가담하는 경우에는 종교개혁의 아젠다(agenda)를 공식적 통치기구에서 합의를 도출하고 제도와 법령을 준비하여 단계적으로 이끌어감으로써 사회 전체를 개혁할 수 있고 로마교회와 군대에 대항하여 종교개혁 진영을 보호할 수 있는 이점이 있다. 또한 사회적 자원을 효과적으로 관리하고 운영함으로써 보다 우수한 인재를 유치하고 체계적 발전을 후원할 수 있기도 하다. 그리고 Believer's Baptism을 주장하면서 사회적 보호의 박탈이라는 위험을 감수하지 않아도 되는 좋은 점이 있다. 그러나 이러한 이점에도 불구하고 드리울 수 있는 그늘 가운데 하나는, 뱁티즘을 철저히 개혁하여 순수하게 개인적이고 자발적인 영적 차원의 문제로 돌려놓을 수 없다는 것이다.

잉글랜드에서, 1662년 이전에는 청교도들이 가진 확신은 주로, Believer' s Baptism이 성경적으로 옳다는 것이며 따라서 유아세례의 불법성을 자각하게 된 것에 그 초점이 맞춰져 있었다. 1520년대 말에 국왕의 주도 하에 시작된 잉글랜드 교회개혁은 그 특성상 Believer' s Baptism을 깊이있게 추진하기 힘든 여건이었다. 더구나 사회-정치 제도적 연관성이 조금이라도 남아 있는 상태에서는 Believer' s Baptism의 진정한 깊이를 발견하고 추구하는 일은 무척 길고 힘든 일이었다. 엘리자벳 여왕 시기에, 헨리8세의 수장법을 재천명하고, 에드워드6세 시절에 마련한 신조서를 다듬어 39개 신조서를 확정 공포함으로써 공식적인 잉글랜드 교회로 출범하였음에도 잉글랜드 교회의 발전과 개혁의 방향에서는 많은 부분이 미흡하였다. 그 이후 청교도들은 잉글랜드 교회를 참된 교회로 보되 지속적 개혁이 필요하다는 입장, 잉글랜드 교회를 거짓 교회로 보아 포기하고 새로운 교회를 세우자는 입장, 좀더 기다려보자는 유보적인 태도를 보이는 입장으로 나뉘어진다. 그러므로 1662년의 대축출(the Great Ejection)을 통해 잉글랜드 교회 내에서 청교도적

인물들을 거의 완전히 내몰기 전에는 Believer's Baptism을 가진 입장의 사람들 중에는 두 번째 입장을 가진 분리주의자들이 많았다.

■ 뱁티즘의 참된 방식의 회복, "baptized Christian or Congregation"의 대두

대략 1630년대 말까지는 상대적으로 극히 적은 따라서 쉽게 눈에 띄지 않을 정도의 숫자만이 뱁티스트적 확신을 공유하였지만 그 숫자는 느리지만 꾸준히 성장하였다. 어느 정도 그룹을 형성하게 되었을 때 같은 청교도 진영이지만 장로파, 독립파 등등의 사람들의 주목을 받고 그들과 논쟁을 벌이게 되는 단계가 찾아오게 되었다. 잉글랜드 종교에서 공식적으로 "Baptism" 문제가 주요 이슈로 주목받게 된 것은 대략 1640년대이다. 그러나 이때에는 Believer's Baptism적 확신을 가지고 유아세례를 거부하고 그 무효성을 주장하여 참된 신앙고백에 입각하여 성인들이 "다시" 뱁티즘을 받고 더욱이 1640년대 초부터 "관수례"를 거부하고 "침수침례"를 받는 관행을 시작하였기 때문에 "Anabaptists"라는 오해를 받게 되었다. 그러므로 "침례교사상"을 갖춘 그룹이 공식적으로 모습을 드러내면서 자기 정체성을 명백하게 표현할 필요가 있게 되었다. "특수 침례교회" 그룹과 "일반 침례교회" 그룹 각각의 첫 번째 신

앙고백서 표지에 다음과 같이 자기 정체성을 표현하였다.

① London Confession, 1644

"The Confession Of Faith, Of those Churches which are commonly (though falsely) called Anabapists"

② The Standard Confession, 1660.

"Set forth by many of us, who are (falsely) called Ana-Baptists···"

미국 최초로 필라델피아 지방회를 결성하고 공식 신앙고백서로 채택한 1742년의 필라델피아신앙고백서의 표지를 보면, 제2차 런던신앙고백서를 채택하였음을 명백히 하면서 마찬가지로 "자신들의 신앙 고백에 입각하여 침례를 받은"이라는 표현까지 채택하였다. 그리고 그 표지의 하단에 "필라델피아 침례교회 지방회"라는 명칭을 채택한 것을 확인할 수 있다.

금번 가나다출판사에서 〈교회바로세우기〉 시리즈를 구상하고, 침례교회의 신앙고백서와 신앙문답을 묶은 이 책자를 출판하고자 한다는 연락을 주셨다. 침례교회와 한국교회에 참으로 다행스럽고, 하나님의 은혜라 생각된다.

2006년 3월

임원주

◆ 차례

추천의 글 / 피영민 목사_4

이 책을 읽는 독자들에게_6

제2차 런던신앙고백서1689_22

제1장 성경에 관하여_23
The Holy Scriptures

제2장 하나님과 삼위일체에 관하여_29
God and the Holy Trinity

제3장 하나님의 작정에 관하여_33
God's Decree

제4장 창조에 관하여_37
Creation

제5장 하나님의 섭리에 관하여_39
Divine Providence

제6장 인간의 타락, 죄
그리고 그 죄의 처벌에 관하여_43
The Fall of Man, Sin and Its Punishment

제7장 하나님의 언약에 관하여_46
God's Covenant

제8장 중보자 그리스도에 관하여_48
Christ the Mediator

제9장 자유의지에 관하여_54
Free Will

제10장 유효적 소명에 관하여_56
Effectual Calling

제11장 칭의에 관하여_59
Justification

제12장 자녀로 받아 주심에 관하여_62
Adoption

제13장 성화에 관하여_63
Sanctification

제14장 '구원에 이르게 하는' 믿음에 관하여_65
Saving Faith

제15장 회개와 구원에 관하여_68
Repentance and Salvation

제16장 선행에 관하여_70
Good Works

제17장 성도의 견인에 관하여_74
The Perseverance of the Saints

제18장 구원의 확신에 관하여_77
Assurance of Salvation

제19장 율법 즉, 하나님의 법에 관하여_80
The Law of God

제20장 복음과 그 은혜의 범위에 관하여_84
The Gospel and the Extent of the Grace

제21장 그리스도인의 자유와 양심의 자유에 관하여_86
Christian Liberty and Liberty of Conscience

제22장 예배와 유월절에 관하여_88
Worship and Sabbath Day

제23장 합법적인 맹세와 서약에 관하여_92
Lawful Oaths and Vows

제24장 공직에 관하여_94
the Civil Magistrate

제25장 결혼에 관하여_96
Marriage

제26장 교회에 관하여_98
The Church

제27장 성도의 교제에 관하여_105
The Communion of Saints

제28장 성례전에 관하여_107
The Two Sacraments

제29장 침례에 관하여_108
Baptism

제30장 주의 만찬에 관하여_110
The Lord's Supper

제31장 죽음 이후 인간의 상태와 부활에 관하여_114
Man's State After Death and the Resurrection

제32장 최후 심판에 관하여_116
The Last Judgement

신앙문답_118

부록 1_벤자민 키치의 신앙문답 1677 | 1689_119

부록 2_찰스 스펄전의 퓨리탄 신앙문답 1855_150

제2차 런던신앙고백서

The Second London Confession, 1689
(32 Articles)

제1장
성경에 관하여
The Holy Scriptures

1 성경은 구원을 얻게 해 주는 지식과 신앙과 순종, 이 모든 것들에 관한 충분하고 확실하고 무오하고 유일한 규칙이다.[1] 비록 자연의 빛, 창조와 섭리의 결과들도 인간들이 핑계대지 못할 만큼 명백하게 하나님의 선하심과 지혜와 능력을 드러내지만 구원에 꼭 필요한, 하나님에 관한 그리고 하나님의 뜻에 관한 지식을 충분히 제공해 주지 못한다.[2] 그러므로 주님은 여러 시대에 여러 방법으로 자신을 계시하기를 즐거워하셨고 자신의 뜻을 자기 교회에 선포하기를 즐거워하셨다.[3] 그리고 그 진리를 더 잘 보존하고 전파하도록 할 목적으로, 육적 부패로부터 그리고 사단과 세상의 악한 생각으로부터 교회를 더욱 확고히 세우고 위로해 줄 목적으로 바로 그 진리를 전체적으로 기록하도록 하시기를 즐거워하셨다. 하나님이 자기 뜻을 자기 백

1) 딤후3:15-17, 사8:20, 눅16:29,31, 엡2:20
2) 롬1:19-21, 롬2:14-15, 시19:1-3
3) 히1:1

성들에게 계시하시던 그 이전의 방법들을 이제는 중지시키셨으므로 성경이 지극히 필수적인 것이 되었다.[4)]

2 성경 즉, 하나님의 기록된 말씀이라는 명칭에는, 구약과 신약의 모든 책들이 포함되어 있다. 즉,

구약 :

창세기, 출애굽기, 레위기, 민수기, 신명기, 여호수아, 사사기, 룻기, 사무엘상, 사무엘하, 열왕기상, 열왕기하, 역대상, 역대하, 에스라, 느헤미야, 에스더, 욥기, 시편, 잠언, 전도서, 아가, 이사야, 예레미야, 예레미야애가, 에스겔, 다니엘, 호세아, 요엘, 아모스, 오바댜, 요나, 미가, 나훔, 하박국, 스바냐, 학개, 스가랴, 말라기.

신약 :

마태복음, 마가복음, 누가복음, 요한복음, 사도행전, 로마서, 고린도전서, 고린도후서, 갈라디아서, 에베소서, 빌립보서, 골로새서, 데살로니가전서, 데살로니가후서, 디모데전서, 디모데후서, 디도서, 빌레몬서, 히브리서, 야고보서, 베드로전서, 베드로후서, 요한 1서, 요한 2서, 요한 3서, 유다서, 요한계시록.

이 모든 책들은 하나님이 영감에 의하여 주신 것이며 신앙과 삶의 규칙이다.[5)]

---

4) 잠22:19-21,롬15:4, 벧후1:19-20　　5) 딤후3:16

3 소위 외경이라고 불리우는 것들은 하나님의 영감에 의한 것이 아니기 때문에 정경에 속하지 않는다. 따라서 하나님의 교회에 대해서는 전혀 권위가 없고, 여타의 인간적 저작물에 불과한 정도의 인정과 유용성을 누릴 뿐이다.[6)]

4 당연히 받아들여야 하는 성경의 권위는 사람 혹은 교회의 증언이 아니라 전적으로(진리 그 자체이신) 하나님 즉, 그 저자에 의한 것이다. 그러므로 그것이 하나님의 말씀이기 때문에 받아들이는 것이다.[7)]

5 교회의 증언에 의하여, 성경은 고귀하다고 평가받을 수 있다. 하늘에 속한 그 내용, 효과적인 가르침, 장엄한 문체, 모든 부분의 일치, (모든 영광을 하나님께 돌려야만 하는) 전체 범위, 오직 하나뿐인 인간 구원의 도리를 충분히 드러냄, 그 밖의 많은 비할 바 없는 탁월함, 전체적인 완벽함 등은 성경이 하나님의 말씀임을 스스로 풍부하게 증거하는 논거들이다. 그럼에도 불구하고 성경이 무오한 진리이며 신적인 권위를 가지고 있다는 우리의 완전한 신념과 확신은 성령이 우리 마음 속에서 말씀에 의하여 그리고 말씀과 더불

6) 눅24:27,44, 롬3:2

7) 벧후1:19-21, 딤후3:16, 살전2:13, 요일5:9

어 증거하시는 내적 사역에서 나온다.[8)]

6 하나님 자신의 영광, 인간 구원, 믿음과 삶에 꼭 필요한 모든 것에 관한 하나님의 전체 지혜는 성경에 명백하게 기록되어 즉, 반드시 거기에 담겨있다. 성령의 새로운 계시에 의해서든 인간들의 전통에 의해서든 이 성경에 첨가해야 할 것은 전혀 없다.[9)] 그럼에도 불구하고 우리는 성령의 내적 조명이, 말씀 속에 계시된 것을 구속적으로 이해하기 위해 반드시 필요하다고 인정한다.[10)] 그리고 하나님께 예배드리고 교회를 다스리는 것에 관한 어떤 상황들은 인간 행위들과 사회에 공통적이며, 이것들은 자연의 빛과 그리스도인의 사려분별에 의하여 말씀의 일반적인 규칙들 즉, 언제나 준수해야만 하는 것들에 의하여 통제되어야 한다고 인정한다.[11)]

7 성경에 있는 모든 것들은 그 자체로는 똑같이 분명하지도, 모든 사람들에게 똑같이 명백하지도 않다.[12)] 그러나 구원을 얻기 위하여 반드시 알고 믿고 준수해야 하는 그런 것들을 성경에서 아주 명확하게 제시하였기

8) 요16:13,14, 고전2:10-12, 요일2:20,27
9) 딤후3:15-17, 갈1:8,9
10) 요6:45, 고전2:9-12
11) 고전11:13-14,14:26,40
12) 벧후3:16
13) 시19:7, 시119:130

때문에, 유식한 사람들뿐만 아니라 그렇지 못한 사람들도 보통 수단들을 적절하게 사용하여 그것들을 충분히 이해할 수 있을 것이다.[13)]

8 (하나님의 옛 백성의 언어였던)히브리어로 기록된 구약성경과[14)] (신약성경 저술 당시에 가장 널리 사용되었던)그리스어로 기록된 신약성경은 하나님의 직접적인 영감을 받았고 하나님의 전례 없는 돌보심과 섭리에 의하여 모든 세대에 순수하게 보존되었기 때문에 진정한 것이다. 그러므로 종교에 관하여 논란이 벌어지는 모든 경우에 교회는 최종적으로 구약과 신약에 호소해야만 한다.[15)] 그러나 하나님의 모든 백성들이 이 성경에 대한 권리와 이해관계를 가지고 있으며, 하나님을 경외하는 가운데 읽고[16)] 찾아보고[17)] 해야 하지만 이 언어들을 알지 못한다. 그 때문에 성경이 도달한 모든 지역의 통속어로 번역되지 않으면 안 된다.[18)] 그럼으로써 하나님의 말씀이 사람들 사이에 풍성하게 거하게 되어 사람들이 합당한 방법으로 하나님을 경배할 수 있게 되고, 성경이 공급하는 위로와 인내를 통하여 소망을 품을 수 있도록 해야 한다.[19)]

---

14) 롬3:2
15) 사8:20
16) 행15:15
17) 요5:39
18) 고전14:6,9,11-12,24,28
19) 골3:16

9 성경 그 자체가 성경 해석의 무오한 규칙이다. 그러므로 어떤 성경의 참되고 충분한 (다중적이지 않고 단 하나인) 의미에 관하여 의문이 생기면 보다 명백한 다른 진술에 의하여 그 문제를 확인하지 않으면 안 된다.[20)]

10 최고 재판관 즉, 종교적인 모든 논란을 결말지을 수 있게 해주고, 종교회의 모든 결정사항들과 옛 저자들의 견해들, 인간 및 사적인 영들의 가르침들을 검토할 수 있게 해주며, 따라서 우리가 믿을 수 있는 판결을 내려주는 최고 재판관은 성령이 우리에게 주신 성경밖에 없다. 이 성경을 그렇게 주셨기 때문에 우리의 신앙은 최종적으로 성경으로 환원된다.[21)]

---

20) 벧후1:20,21, 행15:15-16

21) 마22:29,31-32, 엡2:20, 행28:23

제2장

하나님과 삼위일체에 관하여

God and the Holy Trinity

1 주 우리 하나님은 살아 계신 유일하고 참된 한 분 하나님이시다.[1] 하나님의 본체는 그 존재와 완전에 있어서 스스로 그 자체로 무한하시다.[2] 하나님의 실체는 하나님만이 파악하실 수 있을 뿐이다.[3] 비가시적이며 육체도 부분도 육정도 없는 지극히 순수한 영이시며,[4] 불멸을 소유하며 어떤 인간도 감히 접근할 수 없는 빛 가운데 거하신다.[5] 그는 불변하고[6] 광대하고[7] 영원하고[8] 불가해하고 전능하며[9] 모든 면에서 무한하고 지극히 거룩하고[10] 지극히 지혜롭고 지극히 자유하고 지극히 절대적이시다. 하나님은 자신의 영광을 위하여[11] 자신의 불변적이고 지극히 의

---

1) 고전8:4-6, 신6:4
2) 렘10:10, 사48:12
3) 출3:14
4) 요4:24
5) 딤전1:17, 신4:15-16
6) 말3:6
7) 왕상8:27, 렘23:23
8) 시90:2
9) 창17:1
10) 사6:3
11) 시115:3, 사46:10

로운 뜻에 따라서 만물을 움직이신다.[12] 하나님은 지극히 사랑이 넘치고 은혜로우며 자비롭고 오래 참으며 선함과 진리가 풍성하시다. 하나님은 부정과 불법과 죄를 용서하신다. 하나님은 자기를 성실히 구하는 자들에게 상을 주며[13] 정의롭고 무서운 심판을 내리는 분이시다.[14] 모든 죄를 미워하여[15] 죄지은 자들을 결코 죄 없다 하지 않으실 분이다.[16]

2 하나님은 자신 안에 스스로 생명[17]과 영광[18]과 선(善)[19]을 소유하고 있기 때문에 오직 그 자신 안에 자신만으로 전적으로 충분하시다. 하나님은 일체의 피조물이 필요치 않고 피조물로부터 일체의 영광을 끄집어내실 필요도 없다.[20] 오히려 자신의 영광을 피조물 안에, 피조물에게로, 피조물 위에 드러내실 뿐이다. 하나님은 모든 존재의 유일한 근원이다. 만물의 존재와 움직임은 그로부터 시작되고 그를 통하며 그에게로 귀결된다.[21] 하나님은 원하는 무엇이든지 만물에 의하여, 만물을 위하여, 만물 위에서

12) 잠16:4, 롬11:36
13) 출34:6,7, 히11:6
14) 느9:32-33
15) 시5:5-6
16) 출34:7, 나1:2-3
17) 요5:26
18) 시148:13
19) 시119:68
20) 욥22:2-3
21) 롬11:34-36
22) 단4:25,34-35

행하실, 지극히 절대적인 주권을 소유하신다.[22] 만물이 하나님 앞에 명명백백하고,[23] 하나님의 지식은 무한하고 무오하며 피조물에 의존하지 않으신다. 하나님께는 우연하거나 불확실한 것은 일체 없다.[24] 하나님의 모든 생각, 하나님의 모든 행함, 하나님의 모든 명령은 지극히 거룩하다.[25] 피조물은 창조주 하나님으로부터 비롯되었기 때문에 천사들과 사람들은 어떤 예배든지, 어떤 섬김이든지, 어떤 순종이든지, 그리고 하나님이 피조물들에게 요구하기를 기뻐하시는 것은 무엇이든지 하나님께 드려야 마땅하다.[26]

3 이 신성하고 무한한 단일 존재에는, 하나의 실체와 능력과 영원성을 가진 세 위격 즉, 성부, 성자 혹은 말씀, 그리고 성령이 존재한다.[27] 각각의 위격은 완전한 신적 본질을 가지고 있지만 그 본질이 나뉘어진 것은 아니다.[28]

성부는 어느 것으로부터 유래하지 않았고 태어나지도 발출하지도 않았다. 성자는 성부로부터 영원히 나셨다.[29] 성령은 성부와 성자로부터 나왔다. 이 세 위격 모두 무한하며 시작이 없으시다.[30] 그러므로 본질과 존재에 있어서는 나뉘어질 수 없지만 몇 가지 특정한 관계적 특성과 인격적

23) 히4:13
24) 겔11:5, 행15:18
25) 시145:17
26) 계5:12-14
27) 요일5:7, 마28:19, 고후13:14
28) 출3:14, 요14:11, 고전8:6
29) 요1:14-18
30) 요15:26, 갈4:6

관계에 의하여 구별되는 오직 한 분 하나님이 존재한다. 이 삼위일체 교리는 하나님과 우리가 나누는 모든 교제의 토대이며 하나님을 평안히 의존하는 토대가 된다.

제3장

하나님의 작정에 관하여

God's Decree

1 하나님은 모든 것들을 즉, 발생하는 어떤 일이든지 영원 전부터, 하나님 자신의 의지의 가장 지혜롭고 거룩한 생각에 의하여, 자유롭고 불변적으로 작정하셨다.[1] 그렇다고 해서 하나님이 죄를 만들어내시거나 죄 가운데 있는 어떤 것과 교류하는 것은 아니다.[2] 또한 피조물의 의지를 범하는 것도 아니고 이차적 원인의 자유 즉, 우연성을 제거하는 것도 아니다. 오히려 그것을 확립해 준다.[3] 모든 것을 처리하심에 있어서는 하나님의 지혜가, 작정을 성취하심에 있어서는 능력과 신실하심이 나타난다.[4]

2 하나님은 가정된 모든 조건에서, 발생할 수 있는 어떤 것이든 아는 분이지만,[5] 어떤 것을 미리 알았기

1) 사46:10, 엡1:11, 히6:17, 롬9:15,18
2) 약1:13, 요일1:5
3) 행4:27,28, 요19:11
4) 민23:19, 엡1:3-5
5) 행15:18

때문에 즉, 이와 같은 조건에서 그 일이 일어날 것을 예견하였기 때문에 작정하신 것은 아니다.[6]

3 하나님의 작정에 의하여, 하나님의 영광을 드러내기 위하여, 어떤 사람들과 천사들을 예정 즉, 하나님의 영광스러운 은혜를 찬양하도록[7] 예수 그리스도를 통하여 영생으로 미리 정하셨다.[8] 그리고 나머지는 그들에게 마땅한 저주를 받고, 하나님의 영광스러운 정의를 찬양하도록 하기 위하여 자신들의 죄 가운데 행하도록 내버려두셨다.[9]

4 하나님이 이렇게 예정하신 이 천사들과 사람들은 개별적이고 불변적인 계획 속에 있는 것이며, 그 숫자는 확실히 정해져 있어서 늘거나 줄어들 수 없다.[10]

5 하나님은 인류 가운데서 생명으로 예정한 사람들을 세상의 기초를 놓기 전에, 자신의 영원불변한 목적에 따라, 그리고 자기 뜻의 비밀스러운 생각과 선한 즐거움에 따라, 그리스도 안에서, 영원한 영광에 이르도록, 오직 자신의 값없는 은혜와 사랑으로[11] 선택하셨다. 그분을 그

---

6) 롬9:11,13-16,18
7) 엡1:5-6
8) 딤전5:21, 마25:34
9) 롬9:22-23, 유4
10) 딤후2:19, 요13:18
11) 엡1:4,9,11, 롬8:30, 딤후1:9, 살전5:9

렇게 움직이도록 만든 어떤 조건도 원인도 피조물 속에는 없다.[12)]

6 하나님은 택자들이 영광에 이르도록 정해 놓은 것처럼, 그곳에 이르게 하는 모든 수단을 자신의 의지의 영원하고 가장 자유로운 목적에 의해 예정하셨다.[13)] 그러므로 선택되었으나 아담 안에서 타락하는 자들을 그리스도께서 구속하고,[14)] 적당한 때에 역사하는 성령이 유효적 소명을 주어 그리스도를 믿도록 하신다. 그리하여 그들은 의롭게 되고 아들로 받아들여지며 성화를 이루게 되고[15)] 그리스도의 능력에 의하여 믿음을 통하여 구원에 이르도록 보존된다.[16)] 그리스도에 의한 구속과 유효적 소명과 칭의와 수양과 성화와 구원을 이루는 자들은 오직 택자들뿐이다.[17)]

7 예정이라는 지극히 신비로운 교리는 특히 사려 깊고 주의 깊게 다루어, 하나님이 말씀 속에서 계시한 그 뜻에 주목하고 순종하는 자들은 자신들의 유효적 소명의 확실성으로부터 자신들의 영원한 선택을 확신하도록 해야

---

12) 롬9:13,16, 엡2:5,12
13) 벧전1:2, 살후2:13
14) 살전5:9-10
15) 롬8:30, 살후2:13
16) 벧전1:5
17) 요10:26, 요17:9, 요6:64

한다.[18] 이 교리는 하나님을 찬양하고[19] 경외하고 숭앙하는 근거를 제공하고, 복음을 신실하게 순종하는 모든 사람들에게는 겸손하고[20] 근면하고 풍성한 위로를 얻는 근거를 제공한다.[21]

---

18) 살전1:4,5, 벧후1:10
19) 엡1:6, 롬11:33
20) 롬11:5-6,20
21) 눅10:20

제4장

창조에 관하여

Creation

1 태초에, 성부, 성자, 성령 하나님은 자신의 영원한 능력[1]과 지혜와 선함 을 드러내기 위하여, 세상과 그 안에 있는 모든 것 즉, 보이는 것이든 보이지 않는 것이든 모든 것을 창조하기를 즐거워하셨다.[2] 이 창조는 엿새가 걸렸고 모든 것이 매우 선하였다.[3]

2 하나님은 다른 모든 피조물들을 만드신 뒤에 이성적이고 불멸의 영혼을 가진[4] 사람 즉, 남자와 여자를 만드시고,[5] 그들을 하나님께 이르는 삶에 적합하도록 해주셨다. 그것이 그들을 창조하신 목적이었다. 그 결과 그들은 지식과 의로움과 참된 거룩에 있어서 하나님의 형상을 따라 만들어졌고,[6] 그들의 심령에는 하나님의 법이 새겨졌

---

1) 롬1:20
2) 요1:2,3, 히1:2, 욥26:13
3) 골1:16, 창1:31
4) 창2:7
5) 창1:27
6) 전7:29, 창1:26

고[7] 그 법을 이행할 능력도 주어졌지만 죄를 범할 가능성도 있었다. 그것은 변화의 가능성이 있는, 그들 자신의 의지의 자유로운 선택에 달려 있었다.[8]

3 그들 마음에 새겨진 하나님의 법 이외에도, 선악을 알게 하는 나무의 열매는 먹지 말라는 명령을 받았다.[9] 그들이 이 명령을 지키는 동안에는 하나님과 교제하면서 행복을 누렸고 다른 피조물들을 다스렸다.[10]

---

7) 롬2:14-15

8) 창3:6

9) 창2:17

10) 창1:26-28

제5장

하나님의 섭리에 관하여

Divine Providence

1 자신의 무한한 능력과 지혜로 만물을 선하게 창조하신 하나님은 모든 피조물들을 가장 큰 것에서 가장 작은 것에 이르기까지,[1] 자신의 가장 지혜롭고 거룩한 섭리에 의하여 붙들고 이끌고 처리하고 다스리셔서,[2] 자신의 무오한 예지와 자기 자신의 의지의 자유롭고 불변적인 생각에 따라, 그 피조물들의 목적에 도달하도록 하고, 하나님의 지혜와 능력과 정의와 무한한 선하심과 자비하심의 영광을 찬양하도록 하신다.[3]

2 비록 만물은 제 일 원인인 하나님의 예지와 작정에 관련되어 불변적이고 무오하게 발생하며[4] 따라서, 우연에 의하여 즉, 하나님의 섭리 밖에서는 어떤 일도 생기지 않지만,[5] 하나님의 바로 그 섭리에 의하여 하나님은 필

1) 마10:29-31
2) 히1:3, 욥38:11, 사46:10-11, 시135:6
3) 엡1:11
4) 행2:23

연적이든 자유롭게든 혹은 우연적으로든 이차적인 원인들의 성격에 따라 모든 일들이 발생하도록 정하신다.[6)]

3 하나님은 일반적인 섭리에서 수단을 사용하시지만,[7)] 자신이 원하는 대로 그 수단없이,[8)] 그 수단 위에,[9)] 그 수단에 반하여[10)] 자유롭게 역사하신다.

4 하나님의 전능한 능력, 헤아리지 못할 지혜, 무한한 선하심은 매우 명확하게 드러난다. 하나님의 명확한 생각이 천사와 인류의 최초의 타락과 다른 모든 죄악 된 행위들에까지 미칠 정도이다.[11)] 단순한 허용에 의해서가 아니라 가장 지혜롭고 강력한 한계를 포함하고, 죄를 억제하고 통제하는 다른 수단을 포함하는 어떤 형태의 허용에 의한 것이다.[12)] 하나님 자신의 지극히 거룩하신 목적들을 나타내기 위하여 이 다양한 한계들을 설계하셨다.[13)] 이 모든 일에서 천사들과 인간들의 죄악됨은 하나님이 아니라 오직 그들로부터만 나온다. 하나님은 지극히 거룩하시고 의로우시기 때문에 죄의 저자도 승인자도 아니며 또 그럴 수도

5) 잠16:33
6) 창8:22
7) 행27:31,44, 사55:10-11
8) 호1:7
9) 롬4:19-21
10) 단3:27
11) 롬11:32-34, 삼하24:1, 대상21:1
12) 왕하19:28, 시76:10
13) 창1:20, 사10:6-7,12
14) 시1:21, 요일2:16롬11:32-34

없으신 분이다.[14)]

5 지극히 지혜롭고 의롭고 은혜로우신 하나님은 자신의 자녀들을 종종 얼마동안, 자기들 마음의 여러 가지 유혹과 부패에 남겨두어, 그들의 이전의 죄악들을 징계하시거나, 그들의 부패하고 기만으로 가득 찬 마음의 숨겨진 힘을 발견하도록 하셔서, 그들이 겸손해지도록 만드신다. 그리고 그들을 일으켜 세워 보다 철저하고 지속적으로 그분께 의존하여 지원을 받도록 하신다. 그리고 그들이 미래의 모든 죄악들에 대하여 더욱 경계하도록 하시고 다른 의롭고 거룩한 목표들을 추구하는 일에 주의를 기울이도록 만드신다.[15)] 그렇게 하여, 하나님의 택자들 가운데 어느 누구에게 일어나는 모든 일이 하나님의 영광과 그들의 유익을 위한 것이 되도록 정하신다.[16)]

6 의로운 재판장이신 하나님은 사악하고 불경한 자들의 이전의 죄 때문에 눈멀고 강퍅하게 하시지만,[17)] 하나님은 그들에게서, 그들의 오성에 빛을 비춰 주고 마음에 역사할 수도 있었을 하나님의 은혜를 주지 않으실 뿐만 아니라[18)] 때때로, 그들에게 주셨던 은사들을 거두어 가시

15) 대하32:25-26,31, 고후12:7-9
16) 롬8:28
17) 롬1:24-26,28, 롬11:7-8
18) 신29:4

기도 하고[19] 그들을 자신들의 부패 때문에 죄를 짓는 대상들에게 노출되도록 하신다.[20] 게다가 그들을 자신들의 탐욕과 세상의 유혹과 사탄의 권세에게 넘겨 주신다.[21] 그럼으로써 그들은 하나님이 다른 사람들의 심령을 부드럽게 만들기 위하여 사용하시는 그런 수단들 아래에서 스스로를 강퍅하게 만들게 된다.[22]

7 하나님의 섭리가 모든 피조물들에게 일반적으로 미치는 것과 마찬가지로, 이 섭리는 보다 특별한 방법으로 하나님의 교회를 돌보고, 하나님의 교회가 유익을 얻도록 모든 것들을 처리한다.[23]

19) 마13:12
20) 신2:30, 왕하8:12-13
21) 시81:11-12, 살후2:10-12
22) 출8:15,32, 사6:9-10, 벧전2:7-8
23) 딤전4:10, 암9:8-9, 사43:3-5

제6장
인간의 타락, 죄 그리고 그 죄의 처벌에 관하여
The Fall of Man, Sin and Its Punishment

1 하나님이 인간을 올바르고 완벽한 존재로 창조하셨고, 만일 준수하였더라면 생명으로 이끌고 만일 어기면 죽을 것이라고 하시면서 의로운 법을 수여하셨다.[1)] 그러나 인간은 이 존귀한 상태에 오래 머물지 못하였다. 사탄은 뱀의 교활함을 활용하여 먼저 하와를 굴복시키고 그녀가 아담을 부추기도록 하였다. 인간은 여하한 강제에 의하지 않고 자발적으로 창조의 법과 그들에게 주어진 명령을 어기고 금지된 열매를 먹었다.[2)] 본래 이 금지명령은 하나님의 지혜롭고 거룩한 생각에 따라 자신의 영광을 위한 목적으로 주셨던 것이다.

2 인류의 첫 조상들은 이 죄에 의하여 본래의 의로움과 하나님과의 교분을 잃어버렸다. 그 첫 조상들에

1) 창2:16-17

2) 창3:12-13, 고후11:3

의하여 우리 모두에게 사망이 임하였고[3] 죄 중에 죽은 상태가 되었다.[4] 그리고 우리의 영과 육을 구성하는 모든 부분이 전체적으로 불결해졌다.[5]

3 그들은 모든 인류의 뿌리이고, 하나님의 정하심에 의하여 모든 인류를 대신하는 입장이었기 때문에, 그들에게서 태어나는 일반적인 모든 후손들에게 그 죄책이 전가되었고,[6] 부패된 본성이 전달되었다. 그러므로 이제는, 만일 주 예수께서 그들을 해방시켜 주시지 않는다면 죄 가운데 잉태되고[7] 본성적으로 진노의 자녀,[8] 죄의 종, 죽음의 지배를 받는 자,[9] 그리고 영적이며 세속적이며 영원한 다른 모든 비참함을 겪는 자들이 되었다.[10]

4 이 원래의 부패로 인하여[11] 우리는 모든 선을 전적으로 싫어하게 되었고, 선에 대해 무능해졌고 반대하게 되었다. 그리고 모든 악을 향하여 전적으로 기울어져서는 모든 실제 범죄를 저지른다.[12]

---

3) 롬3:23
4) 롬5:12
5) 딛1:15, 창6:5, 렘17:9, 롬3:10-19
6) 롬5:12-19, 고전15:21-22,45,49
7) 시51:5, 욥14:4
8) 엡2:3
9) 롬6:20롬5:12
10) 히2:14-15, 살전1:10
11) 약1:14-15, 마15:19
12) 롬8:7, 골1:21

5 이 생명을 살아가는 동안 본성의 부패가, 거듭난 사람들 속에서도 남아 있다.[13] 그리스도를 통하여 죄 용서를 받고 죽은 자가 될지라도 본성의 부패 그 자체와 그 최초의 움직임들은 참으로 그리고 적절하게 죄이다.[14]

13) 롬7:18,23, 전7:18,23, 요일1:8 14) 롬7:23-25, 갈5:17

제7장

하나님의 언약에 관하여

God's Covenant

1 하나님과 피조물 사이의 거리는 이처럼 커다랗다. 비록 이성능력이 있는 피조물들이 그 창조주 하나님께 순종의 의무를 지고 있지만, 하나님이 언약이라는 방법으로 즐겨 표현한 하나님 편에서 자발적으로 낮아지시는 방법이 아니고서는 그들은 결코 생명의 상급을 획득하지 못하였을 것이다.[1]

2 더욱이, 인간은 자신의 타락에 의하여 스스로 율법의 진노를 자초하였기 때문에, 주 하나님이 기꺼이 은혜언약을 세우셨다.[2] 이 언약 안에서 하나님은 예수 그리스도가 획득한 생명과 구원을 죄인들에게 자유롭게 제공하신다. 하나님은 저들이 구원받을 수 있도록 예수 그리스도를 믿을 것을 그들에게 요구하셨고,[3] 영생으로 택정된

1) 눅17:10, 욥35:7-8

2) 창2:17, 갈3:10, 롬3:20,21

3) 롬8:3, 막16:15-16, 요3:16

4) 겔36:26,27, 요6:44,45, 시110:3

모든 사람들에게 성령을 주셔서 그들이 믿을 마음을 가지고 믿을 수 있도록 만들어 준다고 약속하셨다.[4)]

3 이 언약은 복음에 계시되어 있다. 먼저, 여인의 씨에 의한 구원을 약속하시면서 아담에게[5)] 그리고 신약성경에서 그 충분한 발견을 완성할 때까지 지속적이고 점진적으로 계시된 것이다.[6)] 그것은 택자들의 구원에 관한 성부와 성자 사이에 있었던 영원한 언약적 합의에 기초한 것이다.[7)] 오직 이 언약적 은혜에 의해서만이 타락한 아담의 모든 구원받은 후손들은 생명을 얻었고 축복된 불멸성을 받았던 것이다. 인간은 이제 아담이 무죄상태에서 맺은 그런 조건에 입각하여서는 전적으로 하나님께 받아들여질 수 없다.[8)]

---

5) 창3:15

6) 히1:1

7) 딤후1:9, 딛1:2

8) 히11:6,13, 롬4:1-2, 행4:12, 요8:56

제8장

중보자 그리스도에 관하여

Christ the Mediator

1 하나님은 자신의 영원한 목적 가운데에서, 자신의 독생자 주 예수 그리스도를 두 분 사이에 맺으신 언약에 따라, 하나님과 사람 사이의 중보자[1] 즉, 선지자요[2] 제사장이요[3] 왕,[4] 교회의 머리요 구세주,[5] 만물의 상속자,[6] 세상의 심판자[7]로 삼기로 선택하고 정하시기를 즐거워하셨다. 그리하여 하나님은 그에게, 영원 전부터 어떤 백성을 주어 그의 씨로 삼고, 때가 이르면 그에 의하여 구원받고 소명받고 칭의와 성화와 영화를 받도록 하셨다.[8]

2 하나님의 아들 즉, 거룩한 삼위일체의 제 2격이신 그분은 참되고 영원한 하나님이시며, 성부의 영광의 광채이시다. 그리고 세상을 만드셨고 만드신 모든 것을 붙

1) 사42:1, 벧전1:19-20
2) 행3:22
3) 히5:5-6
4) 시2:6, 눅1:33
5) 엡1:22-23
6) 히1:2
7) 행17:31
8) 사53:10, 요17:6, 롬8:30

들고 다스리시는 성부와 한 본질이시며 동등하신 분이다. 그리고 때가 이르렀을 때 사람의 본성을 그 모든 본질적 속성들과 공통된 연약함들과 더불어 입으셨지만[9] 죄는 없으셨다.[10] 그분은 성령에 의하여 즉, 성령 하나님이 동정녀 마리아에게 임함으로써 그녀의 태 속에 잉태하였고 지극히 높으신 하나님의 능력이 그녀를 둘러싸 압도하였다. 그렇게 유다 지파의 한 여인에게서 나셨다. 성경과 일치하게 아브라함과 다윗의 자손이 되신 것이다.[11] 전체적이고 완벽하며 판명한 두 본성은 한 인격에서 불가분리적으로 결합하였지만 상호 전환도 혼합도 혼동도 없으셨다. 그러므로 우리 주님의 인격은 참된 하나님이며 참된 인간이지만 한 분 그리스도로서 하나님과 사람 사이의 유일한 중보자가 되셨다.[12]

3 이처럼 신성과 연합한 인성 속에서 즉, 성자의 인격으로 주 예수는 성령으로 측량할 수 없을 만큼 거룩해지고 기름부음을 받아,[13] 지혜와 지식의 모든 보고를 자기 안에 간직하셨다.[14] 성부는 이 예수에게 모든 충만함이 있어서[15] 그가 거룩하고 해가 없으며 더럽지 않고[16] 은혜

---

9) 요1:14, 갈4:4
10) 롬8:3, 히2:14,16-17, 히4:15
11) 마1:22-23, 눅1:27,31,35
12) 롬9:5, 딤전2:5
13) 시45:7, 행10:38, 요3:34
14) 골2:3
15) 골1:19
16) 히7:26

와 진리가 충만하여[17] 중보자와 보증자의 직무를 수행할 준비를 철저히 갖추는 것을 기뻐하셨다.[18] 이 직무는 스스로 취한 것이 아니라 성부가 수행하기를 요청하신 것으로써[19] 성부가 모든 권세와 심판권을 주의 손에 맡기셨고 그에게 그 일을 수행하라는 계명을 주셨다.[20]

4 중보자와 보증자로서의 이 직분을 주 예수는 지극히 기꺼이 받아들였고,[21] 이 직분을 수행하기 위하여 율법을 받아들여 완벽하게 성취하였다.[22] 우리 때문에 생겨난 따라서 우리가 감당하고 고통을 겪었어야 하는 형벌을 담당하여[23] 죄가 되셨고 우리를 위하여 저주거리가 되셨다.[24] 자신의 영혼으로 가장 슬픈 슬픔을, 자신의 육신으로는 가장 고통스러운 고통을 담당하셨다.[25] 십자가에 못박혀 돌아가시고 죽은 자의 상태에 머물러 있었으나 부패를 겪지 않으셨다.[26] 그리고 삼일 째 되는 날에 고난을 받으신 바로 그 육신으로,[27] 죽은 자들 가운데서 일어나셨고[28] 하늘로 올라가셨다.[29] 지금은 성부의 오른편에 앉아 중

17) 요1:14
18) 히7:22
19) 히5:5
20) 요5:22,27, 마28:18, 행2:36
21) 시40:7-8, 히10:5-10, 요10:18
22) 갈4:4, 마3:15
23) 갈3:13, 사53:6, 벧전3:18
24) 고후5:21
25) 마26:37-38, 눅22:44, 마27:46
26) 행13:37
27) 요20:25-27
28) 고전15:3-4
29) 막16:19, 행1:9-11
30) 롬8:34, 히9:24

재하시고[30] 장차, 세상의 종말 때에 돌아오셔서 사람들과 천사들을 심판하실 것이다.[31]

5 주 예수는, 저 영원한 성령을 통하여 하나님께 단번에 드린 그 완벽한 순종과 자기 희생에 의하여 하나님의 정의를 충분히 만족시켰고[32] 화목케 하셨으며, 성부가 자기에게 주신 모든 자들을 위하여 천국에 영원한 유업을 마련해 두셨다.[33]

6 구속의 대가를 지불한 것은 그리스도가 성육신하신 이후였지만, 그의 대가 지불로부터 발생하는 덕, 유효성, 혜택은 창세 이후의 모든 세대 속에 있는 모든 택자들에게, 그리스도가 그 뱀의 머리를 상하게 할 바로 그 자손이라고 계시하고 나타낸 약속들과 모형들과 희생들에 의하여 그리고 그것들 안에서 전달되었다.[34] 이 유월절 어린양은 세상의 처음부터 죽임을 당한 그 양이다.[35] 그는 어제, 오늘 그리고 영원히 동일하다.[36]

7 그리스도는 자신의 사역을 수행할 때 두 본성에 따라 행한다. 각각의 본성이 그 자체에 고유한 바를 행

31) 행10:42, 롬14:9-10, 행1:11, 벧후2:4
32) 히9:14,10:14, 롬3:25-26
33) 요17:2, 히9:15
34) 고전4:10, 히4:2, 벧전1:10-11
35) 계13:8
36) 히13:8

하지만 그 인격적 연합에 의하여 행한다. 종종 성경은 신성(혹은 인성)의 고유한 것을 인성(혹은 신성)이 가리키는 인격체가 일한다고 말할 때도 있다.[37)]

8 그리스도는 자신이 영원한 구속을 획득하실 때 그 구속을 주시겠다고 마음에 두신 모든 자들에게 분명하고 유효하게 이 구속을 적용해 주고 전달해 주신다. 그리고 그들을 위하여 중재하고,[38)] 그들을 성령에 의하여 자기에게로 연합시키고, 그들에게 말씀 안에서 그리고 말씀에 의하여 구원의 신비를 계시해 주신다. 그리스도는 그들이 믿음을 갖고 순종하겠다는 마음을 주시고,[39)] 자신의 말씀과 성령에 의하여 그들의 마음을 다스리시고,[40)] 자신의 전능한 능력과 지혜에 의하여 그들의 모든 원수들을 이기신다.[41)] 이것을 자신의 경이롭고 헤아릴 수 없는 경륜과 지극히 일치하는 방식으로 성취하신다. 그리고 그것을 획득하기 위한 어떤 조건이 그들 안에 있다고 예견해서가 아니라 자유롭고 절대적인 은혜에 의하여 성취하신 것이다.[42)]

9 하나님과 사람을 중보하는 이 직분은 오직 그리스도 즉, 하나님의 교회의 선지자요 제사장이며 왕이신

37) 요3:13, 행20:28
38) 요6:37,10:15-16,17:9, 롬5:10
39) 요17:6, 엡1:9, 요일5:20
40) 롬8:9-14
41) 시110:1, 고전15:25-26
42) 요3:8, 엡1:8

그분에게만 적절한 직분이다. 이 직분은 전체적으로든 부분적으로든 다른 누군가에게 넘겨줄 수 없다.[43)]

10 이 직분의 수와 질서는 본질적이다. 우리의 무지 때문에 우리는 그의 선지자직을 필요로 한다.[44)] 우리가 하나님으로부터 떨어져 있고 우리가 최선을 다해 드리는 섬김이 불완전하기 때문에 우리는 우리를 중재하고 우리를 하나님께서 받아 주실 만하게 드리도록 하는 그의 제사장직을 필요로 한다.[45)] 우리가 하나님을 혐오하고 하나님께로 돌아갈 능력이 전혀 없기 때문에 그리고 영적인 원수들로부터 구원받고 그들로부터 벗어나 있기 위하여 우리는 우리가 그의 천국에 도달할 때까지 우리에게 확신을 주고 절제하고 이끌고 붙잡아 주고 구원하고 보존해 주는 그의 왕직을 필요로 한다.[46)]

43) 딤전2:5
44) 요1:18
45) 골1:21, 갈5:17
46) 요16:8, 시110:3, 눅1:74-75

제9장

자유의지에 관하여

Free Will

1 하나님은 인간에게 의지를 부여하여 본성적 자유와 선택에 입각하여 행동할 능력을 부여하셨다. 그럼으로써 선을 행하거나 악을 행하도록 강제받지 않으며 자연의 필연성에 의해서 결정되지도 않는다.[1]

2 인간은 본래의 무죄 상태에서는, 하나님 앞에 선하고 즐거움이 되는 것을 의지하고 행할 자유와 능력을 갖고 있었다.[2] 하지만 불안정하였고 그 상태를 잃어버릴 가능성이 있었다.[3]

3 인간은 타락하여 죄의 상태로 전락함으로써, 구원을 수반하는 어떤 영적 선을 행할 의지 능력을 완벽하게 상실하였다.[4] 자연인으로서의 인간은 영적 선을 전적으

1) 마17:12, 약1:14, 신30:19

2) 전7:29

3) 창3:6

4) 롬5:6,8:7

로 혐오하고 죄 가운데 죽어 있다.[5] 그는 자신의 힘으로는 회심하거나 회심할 준비를 갖추지 못한다.[6]

4 하나님이 어떤 죄인을 돌이키게 하여 그를 은혜상태로 바꾸실 때, 죄에 대한 본성적 속박으로부터 그를 해방시켜 준다.[7] 그리고 오직 은혜에 의하여 하나님은 그가 기꺼이, 영적으로 선한 것을 의지하고 행할 수 있도록 만드신다.[8] 그러나 아직 남아 있는 부패로 인하여 그는, 선한 것을 (혹은 완벽하게) 의지할 뿐만 아니라 악한 것을 의지하기도 한다.[9]

5 인간의 의지는 영광의 상태에서는 오직 선만을 의지할 완벽하고 불변적인 자유를 갖게 될 것이다.[10]

---

5) 엡2:1-5
6) 딛3:3-5, 요6:44
7) 골1:13, 요8:36
8) 빌2:13
9) 롬7:15-23
10) 엡4:13

제10장

유효적 소명에 관하여

Effectual Calling

1 하나님이 생명으로 예정하신 자들을 하나님은 자신이 정하신 때에, 자신의 말씀과 성령에 의하여 유효적 소명을 통해,[1] 그들이 본성적으로 처해 있는 죄와 사망의 상태로부터 예수 그리스도에 의한 은혜와 구원으로 불러내시기를 즐거워하신다.[2] 하나님은 그들의 마음에 영적으로 및 구원적으로 빛을 비추어 하나님께 속한 것들을 이해하도록 하신다.[3] 하나님은 그들의 돌 같은 마음을 치워 버리고 그들에게 살아 있는 마음을 주신다.[4] 그들의 의지를 새롭게 하고 하나님의 전능한 능력에 의하여 그들이 선한 것을 갈망하고 추구하도록 만드신다. 하나님이 그들을 예수에게로 유효하게 이끄시지만[5] 하나님의 은혜에 의하여 그들은 절대적으로 자유롭게 의지하는 존재가 된다.[6]

1) 롬8:30,9:7, 엡1:10-11, 살후2:13-14
2) 엡2:1-6
3) 행26:18, 엡1:17-18
4) 겔36:26
5) 신30:6, 겔36:27, 엡1:19
6) 시110:3, 아1:4

2 이 유효적 소명은 인간에게서 예견된 어떤 것에 조금도 의존하지 않고 오직 하나님의 자유롭고 특별한 은혜에만 속한다. 그 점에 있어서 전적으로 수동적인 피조물 속에 있는 어떤 능력 혹은 기능 때문에 그렇게 된 것이 아니다.[7] 인간은 성령 하나님이 살려 주고 거듭나게 해 줄 때까지 죄 가운데 죽은 상태이고 죄를 범한다.[8] 성령에 의하여, 인간은 소명에 응답할 수 있게 되고 성령이 가져다 주는 은혜를 받아들일 수 있게 된다. 이런 일을 가능케 하는 능력은 그리스도를 죽은 자들로부터 일으킨 능력에 못지 않은 것이다.[9]

3 유아 때 죽은 아이들은 그리스도에 의하여, 그리스도가 원하는 때에, 원하는 곳에서, 원하는 방법으로 역사하는 성령을 통하여 거듭나고 구원받는다.[10] 말씀의 사역에 의하여 외적으로 소명을 받지 못하는 모든 택자들도 그렇다.[11]

4 다른 사람들은 비록 말씀의 사역에 의하여 소명을 받을 수는 있고 성령의 몇몇 일반적인 역사를 경험할 수는 있을지라도 택함이 없는 존재들이다.[12] 그들을 성

7) 딤후1:9,엡2:8
8) 고전2:14, 엡2:5, 요5:25
9) 엡1:19-20
10) 요3:3-6
11) 요3:8

부 하나님이 유효하게 이끄시지 않기 때문에, 그들은 그리스도에게로 다가오려는 마음이 없고 참으로 다가오지도 않는다. 따라서 그들은 구원받지 못한다.[13] 기독교를 받아들이지 않는 사람들도 마찬가지로 구원받지 못한다. 그들이 자연의 빛과 자신들이 고백하는 종교의 요구조건에 따라 아무리 근면하게 산다고 할지라도 말이다.[14]

12) 마22:14,13:20-21, 히6:4-5
13) 요6:44-45,65, 요일2:24-25
14) 행4:12, 요4:22,17:3

제11장
칭의에 관하여
Justification

1 하나님은 자신이 유효하게 부르신 자들을, 그들 속에 의(righteousness)를 주입함으로써가 아니라, 그들의 죄를 용서하고 그들을 마치 의로운 자들처럼 간주하고 받아들여 주심으로써[1] 의롭다고 여겨주신다.[2] 이것은 그들 안에 이루어진 혹은 그들이 행한 어떤 것 때문이 아니라, 오직 그리스도 때문이다.[3] 하나님이 그들의 신앙, 그들의 믿음 혹은 기타의 복음적 순종 행위를 그들의 의로 간주하시기 때문에 그들이 의롭게 되는 것이 아니다. 전적으로 그리고 오직, 하나님이 그리스도의 의를 그들에게 전가해 주시기 때문에 의롭게 된다. 전체 율법에 대한 그리스도의 적극적 순종과 죽음에서의 소극적 순종을 그들에게 하나님이 전가해 주신다.[4] 그들은 믿음에 의하여 그리스도의 의를 받아들이고, 그리스도를 의지한다. 그들 스스로 이 믿음을

---

1) 롬4:5-8, 엡1:7
2) 롬3:24,8:30
3) 고전1:30-31, 롬5:17-19, 엡2:8-10
4) 빌3:8-9

소유하거나 만들어내지 않는다. 그것은 하나님의 선물이다.[5)]

2 그리스도의 의로움을 받아들이고 그리스도를 의지하는 신앙은 칭의의 유일한 도구이다. 그러나 칭의를 받는 사람 속에 믿음만 있는 것이 아니라[6)] 구원에 이르게 하는 다른 모든 은사들이 수반된다. 그리고 그것은 죽은 믿음이 아니라 사랑으로 역사하는 것이다.[7)]

3 그리스도는 자신의 순종과 죽으심에 의하여 의롭게 여겨지는 모든 자들의 빚을 충분히 갚으셨고, 자신을 희생 제물로 드려 십자가 위에서 흘린 피를 통하여 그들이 마땅히 받아야 할 형벌을 대신 감당하여 그들 대신, 하나님의 정의를 적절하고 실제적이고 충분히 만족시켰다.[8)] 성부 하나님이 그리스도를 그들에게 주셨기 때문에, 그들의 순종과 만족을 대신하여 그리스도의 순종과 만족을 받아주셨기 때문에, 그들 가운데 있는 어떤 것들 때문이 아니라 값없이 받아 주셨기 때문에, 그들은 오직 그리고 전적으로 값없는 은혜에 의하여 의롭게 된 것이다.[9)] 그리하여 하나님의 엄밀한 정의와 풍성한 은혜는 죄인들을 의롭다 여

---

5) 요1:12, 롬5:17
6) 롬3:28
7) 갈5:6, 약2:17-26
8) 히10:14, 벧전1:18-19, 사53:5-6
9) 롬8:32, 고후5:21
10) 롬3:26, 엡1:6-7,2:7

겨주심 속에서 영광을 받으시도록 하신 것이다.[10)]

4 하나님은 모든 택자들을 의롭게 하시기로 영원 전부터 작정하셨다.[11)] 때가 이르자 그리스도는 그들의 죄를 위하여 죽었다가 그들을 의롭게 하기 위하여 살아나셨다.[12)] 그럼에도 불구하고, 그들은 성령이 적당한 때에 그리스도를 그들에게 실제적으로 적용해 준 뒤에야 개인적으로 의롭게 된다.[13)]

5 하나님은 의롭게 된 자들의 죄들을 계속해서 용서해 주신다.[14)] 비록 그들이 결코 의로운 상태에서 떨어질 수는 없을지라도[15)] 그들이 죄지음으로 인하여 하나님 아버지를 화나게 만들 수는 있다.[16)] 그런 상태에서는 대개, 그들은 자신을 낮추어 자신들의 죄를 고백하고 용서를 구하여 신앙과 회개를 새롭게 할 때까지는 하나님의 얼굴빛이 바뀌지 않는다.[17)]

6 구약시대에 신자가 의롭게 되는 것은 모든 점에서 신약시대와 정확하게 동일하다.[18)]

---

11) 갈3:8, 벧전1:2, 딤전2:6
12) 롬4:25
13) 골1:21-22, 딛3:4-7
14) 마6:12, 요일1:7-9
15) 요10:28
16) 시89:31-33
17) 시32:5, 시51편, 마26:75
18) 갈3:9, 롬4:22-24

제12장 자녀로 받아 주심에 관하여

Adoption

1 하나님의 독생자 예수 그리스도 안에서 그리고 그 예수 그리스도로 인하여, 의롭게 되는 모든 사람들은 양자 입양의 은혜에 참여하게 되며[1] 이로써 하나님의 자녀에 속하게 되고 자녀로서의 자유와 특권을 향유하게 된다.[2] 그들은 자기들 위에 하나님의 이름을 두게 되고[3] 양자의 영을 받으며[4] 은혜의 보좌에 담대하게 나아가며 아바 아버지라고 부를 수 있게 된다.[5] 마치 한 아버지가 하듯이 하나님은 그들을 불쌍히 여기고[6] 보호하고[7] 공급하고[8] 연단하신다.[9] 그들을 결코 버리지 않고[10] 구속의 날까지 인치시고[11] 영원한 구원의 상속자로서 약속을 상속받는다.[12]

---

1) 엡1:5, 갈4:4-5
2) 요1:12, 롬8:17
3) 고후6:18, 계3:12
4) 롬8:15
5) 갈4:6, 엡2:18
6) 시103:13
7) 잠14:26
8) 벧전5:7
9) 히12:6
10) 사54:8-9, 애3:31
11) 엡4:30
12) 히1:14, 6:12

제13장
성화에 관하여
Sanctification

1 그리스도와 연합하고 유효적인 소명을 받고 거듭나서, 그리스도의 죽으심과 부활을 통하여 새로운 마음과 새로운 영혼을 갖게 된 사람들은 더욱 나아가서, 실제적이고 인격적인 면에서 성화를 얻게 된다.[1] 그리스도의 죽으심과 부활의 공로때문에 그리고 그들 가운데 거하는 그리스도의 말씀과 성령에 의하여,[2] 온 몸을 지배하는 죄의 권세는 파괴되었다.[3] 죄악 된 육신의 다른 욕구들은 점차 약화되고 억제된다.[4] 그리고 그리스도의 백성들은 구원에 이르게 하는 모든 은사들 가운데서 점차 생명력을 얻고 강건해져서,[5] 모든 참된 거룩함을 실천하게 된다. 이렇게 되지 않고서는 주 그리스도를 만나지 못할 것이다.[6]

---

1) 행20:32, 롬6:5-6
2) 요17:17, 엡3:16-19, 살전5:21-23
3) 롬6:14
4) 갈5:24
5) 골1:11
6) 고후7:1, 히12:14

2 이 성화가 전체 인격으로 퍼지지만[7] 이생에서는 미완성 상태로 머문다. 부패의 몇몇 찌꺼기들이 모든 부분에서 살아남아 있고,[8] 이 때문에 서로 양립할 수 없이 갈라져—성령에 거슬리는 욕정을 품는 육신과 그 육신을 반대하는 성령— 지속적인 전쟁이 벌어진다.[9]

3 이 전쟁에서, 비록 잠시 동안 남아 있는 부패가 크게 우세할 수는 있어도[10] 그리스도의 거룩케 하는 영으로부터 지속적으로 힘을 공급받아 거듭난 부분이 이긴다.[11] 그래서 성도들은 은혜 가운데 성장하고 하나님을 경외하여 거룩함을 완성한다. 머리이시며 왕이신 그리스도가 성도들에게 주신 모든 명령에 대해 복음적인 순종으로 천국의 생명을 추구한다.[12]

---

7) 살전5:23
8) 롬7:18,23
9) 갈5:17, 벧전2:11
10) 롬7:23
11) 롬6:14
12) 엡4:15-16, 고후3:18,7:1

제14장

'구원에 이르게 하는' 믿음에 관하여

Saving Faith

1 택자들로 하여금 믿음을 가질 수 있도록 만들어 줌으로써 구원을 받게 해 주는 믿음의 은혜는 그리스도의 영 즉, 성령이 택자들의 마음 속에서 수행하는 사역이며[1] 정상적으로는 말씀의 사역에 의하여 발생한다.[2] 또한 성령이 말씀의 사역을 통하여 역사하심으로써, 그리고 침례와 주의 만찬과 기도 및 하나님이 정하신 다른 수단들에 의하여 증진되고 강화된다.[3]

2 이 말씀은 하나님의 권위를 가지고 있기 때문에 말씀 속에서 계시되는 어떤 것이라도 참이라고 믿는 것은 이 믿음에 의한 것이다.[4] 또한 구원에 이르게 하는 바로 이 믿음에 의하여, 그리스도인은 세상에 있는 다른 모든 저작물들과 다른 모든 것들보다 이 말씀에 더욱 탁월함이

1) 고후4:13, 엡2:8
2) 롬10:14-17
3) 눅17:5, 벧전2:2, 행20:32
4) 행24:14

있다는 사실을 알게 된다.[5] 말씀이 하나님의 영광을 드러내고 하나님의 속성을 계시하고 그리스도의 본성과 직분들의 탁월함을 보여 주고 성령은 그 하시는 일들과 움직임들 속에서 그 능력과 충만함을 보여 주기 때문이다. 그럼으로써 그리스도인은 믿음으로 받아들인 진리에 자신을 맡길 수 있게 되고,[6] 성경의 다양한 구절들이 담고 있는 다양한 가르침을 이해하고 응답할 수 있게 되는 것이다. '구원에 이르게 하는 믿음' 은 그리스도인으로 하여금 계명들을 지각하고 순종하며,[7] 그 흉조에 경외심으로 귀를 기울이고,[8] 이생과 다가올 생에 대하여 하나님이 주신 약속을 받아들일 수 있는 존재로 만든다.[9] 그러나 '구원에 이르게 하는 믿음' 의 최초의 행위와 가장 중요한 행위들은 그리스도와 직접적으로 관련있는 것들이다. 그때 그 영혼은 오직 그리스도만을 받아들이고 의지하여, 은혜언약에 의하여 칭의와 성화와 영생을 얻는다.[10]

3 이 믿음은 정도에 차이가 나고 약할 수도 있고 강할 수도 있지만[11] 그 가장 약할 때에라도, 일시적인 신앙인들이 갖고 있는 그런 종류의 믿음과 일반 은총과는 전

5) 시19:7-10, 119:72
6) 딤후1:12
7) 요15:14
8) 사66:2
9) 히11:13
10) 요1:12, 행16:31, 갈2:20,15:11
11) 히5:13-14, 마6:30, 롬4:19-20
12) 벧후1:1

적으로 다른 종류이며 다른 본질을 가지고 있다.[12] 그러므로 자주 공격을 받고 약화되는 일이 있을지라도 승리를 획득하고,[13] 우리의 믿음을 만들어 내시는 자요 완성하시는 자[14]이신 그리스도를 통하여 충분한 확신으로까지 자라나는 경우가 많다.[15]

13) 엡6:16, 요일5:4-5

14) 히12:2

15) 히6:11-12, 골2:2

제15장
회개와 구원에 관하여
Repentance and Salvation

1 택자 중에서, 자연적인(구원받기 이전의) 상태에서 어느 정도 살면서 여러 가지 정욕과 쾌락을 좇다가 성숙한 나이에 회심하는 자들에게, 하나님은 유효적 소명을 통하여 생명에 이르는 회개를 주신다.[1)]

2 선을 행하며 전혀 죄를 짓지 않는 사람은 하나도 없기 때문에,[2)] 최선의 인간조차 자기 안에 존재하고 있는 부패의 능력 및 기만 그리고 유혹의 우월한 능력에 의하여 커다란 죄악에 빠지고 하나님을 화나게 만들기도 하기 때문에 하나님은 자비롭게도, 신자들이 죄를 범하고 타락할 때에 구원에 이르는 회개를 통하여 새롭게 해 주실 것을 은혜언약 속에 정해 놓으셨다.[3)]

---

1) 딛3:2-5
2) 전7:20
3) 눅22:31-32
4) 슥12:10, 행11:18

3 구원에 이르게 하는 회개는 복음적인 은혜이다.[4] 이 은혜에 의하여 사람은 자신의 죄가 낳는 여러 가지 해악들을 성령에 의하여 지각하게 되고 그리스도를 믿음으로 말미암아 자신의 죄에 대해 경건히 슬퍼하고 자신의 죄를 혐오하고 자신을 증오하면서 자신을 낮추게 된다.[5] 사람은 이와 같은 회개 속에서 용서를 간구하고 은혜의 힘을 간구한다. 그리고 성령이 공급해 준 것들에 의해 하나님 앞에서 행하고 모든 일에서 하나님을 전적으로 기쁘게 해 드리겠다는 목표와 열망을 품는다.[6]

4 사망 즉, 지속적인 부패의 육신과 그 움직임들 때문에 우리의 삶 전 과정에 걸쳐 회개를 지속해야 하기 때문에, 알려진 그의 특정한 죄들을 개별적으로 회개하는 것은 모든 사람의 의무이다.[7]

5 하나님께서 성도들이 구원의 길에 끝까지 남아 있을 수 있도록 하기 위하여 은혜언약에서 그리스도를 통하여 마련해 주신 조처는 이와 같아서, 가장 작은 죄조차도 저주를 받을 만할지라도 회개하는 자들에게는 저주를 불러올 만큼 커다란 죄는 없다.[8]

---

5) 겔36:31, 고후7:11
6) 시119:6,128
7) 눅19:8, 딤전1:13-15
8) 사1:16-18,55:7

제16장

선행에 관하여

Good Works

1 선행은 하나님이 자신의 거룩한 말씀에서 명령한 그런 행위들을 말한다.[1] 성경이 보증해 주지 않는 행위들, 인간이 맹목적인 열정으로 만들어 내거나 선량한 의도라는 구실에 입각하여 고안해 낸 행위들은 선행이 아니다.[2]

2 하나님의 계명에 순종하여 행한 선행들은 참되며 살아 있는 믿음의 열매들이며 증거들이다.[3] 이러한 것들에 의하여 성도들은 자신들의 감사함을 표현하여 보여주고[4] 자신들의 확신을 강화하고[5] 자신들의 형제들을 교화하고 복음의 고백을 장식하고[6] 원수들의 입을 막고, 하나님을 영화롭게 한다.[7] 성도들은 하나님의 솜씨로, 그리

1) 믹6:8, 히13:21
2) 마15:9, 사29:13
3) 약2:18-22
4) 시116:12-13
5) 요일2:3-5, 벧후1:5-11
6) 마5:16

스도 예수 안에서 빚어진 자들로써 선행을 행하고[8] 영생에 이르게 하는 거룩함의 열매를 맺는 자들이다.[9]

3 이러한 선행을 이행하는 저들의 능력은 그들 자신으로부터 나오지 않고 전적으로 그리스도의 영으로부터 나온다.[10] 그들이 이미 받은 은사들과 더불어, 선행을 할 수 있도록 하기 위해서는, 그들이 하나님의 선하신 즐거움을 위하여 의지하고 행하도록 만들어 주는 성령의 더욱 실질적인 영향력이 존재할 필요가 있다.[11] 그러나 이러한 것 때문에, 성도들은 성령이 특별한 자극을 부여하지 않는다면 어떤 의무도 수행할 필요가 없는 것마냥 태만해져서는 안 된다. 오히려 그들은 자신들 안에 존재하는 하나님의 은혜를 분발시키는 데에 근면해야 한다.[12]

4 하나님을 순종함에 있어서 이생에서 가능한 최고의 높이에 도달하는 자들은 그들이 마땅히 드려야 할 의무의 분량이 부족하기 때문에 하나님께서 요구하시는 것 이상으로는 결코 행할 수 없다. 즉, 잉여공덕을 쌓지 못한다.[13]

---

7) 딤전6:1, 벧전2:15, 빌1:11
8) 엡2:10
9) 롬6:22
10) 요15:4-5
11) 고후3:5, 빌2:13
12) 빌2:12, 히6:11-12, 사64:7
13) 욥9:2-3, 갈5:17, 눅17:10

5 우리는 우리의 최선의 공적에 의해서는, 그 최선의 공적과 다가올 영광 사이의 커다란 불균형 때문에, 우리와 하나님 사이에 놓여 있는 무한한 거리 때문에 하나님에게서부터 죄용서 혹은 영생을 받지 못한다. 우리의 공적으로는, 우리가 죄를 지어 쌓은 빚에 대해서 하나님을 만족시키거나 유익을 끼치지 못한다.[14] 우리가 할 수 있는 최선을 다했을 때 우리는 단지 우리의 의무를 이행한 것뿐이고 여전히 우리는 무익한 종으로 남아 있는 것이다. 우리의 공로가 선한 경우가 있다면 그것은 성령의 사역에서 나온 것이다.[15] 바로 그때 우리의 선행조차도 우리가 더럽혔고 연약함과 불완전함과 뒤섞여서 하나님의 엄한 심판을 견디지 못할 것이다.[16]

6 신자들은 그리스도를 통하여 개개의 영혼으로 받아들여진다는 사실과는 전혀 별개로, 그들의 선행들도 그리스도를 통하여 받아들여진다.[17] 그것은 신자들이 이생에서 하나님이 보시기에 전적으로 책망할 것이 없고 흠이 없기 때문이 아니라, 하나님이 그들을 자기 아들 안에서 바라보기 때문이며, 취약하고 불완전한 점이 많을지라도 신실한 것으로 받아들이고 상주기를 즐거워하시기 때문이다.[18]

---

14) 롬3:20, 엡2:8-9, 롬4:6

15) 갈5:22-23

16) 사64:6, 시143:2

17) 엡1:6, 벧전2:5

18) 마25:21-23, 히6:10

19) 왕하10:30, 왕상21:27-29

7 거듭나지 않은 자들의 행함들은 비록 그 행위들이 본질적으로는 하나님의 명령이며 자신들과 다른 사람들에게 선하고 유익을 주는 것들이기는 해도,[19] 그것들이 믿음에 의하여 정결하게 된 마음에서부터 나온 것이 아니기 때문에,[20] 하나님의 말씀에 따라 올바른 방법으로 행한 것이 아니기 때문에,[21] 그것들이 하나님께 영광을 드린다는 목적을 바탕에 깔고 있지 않기 때문에,[22] 죄악되며 하나님을 즐겁게 할 수 없으며 사람을 하나님께로부터 은혜를 받을 수 있기에 적합한 존재로 만들어 주지도 못한다.[23] 하지만 거듭나지 않은 사람들이 이와 같은 행함들을 무시하는 것은 하나님 앞에 훨씬 더 큰 죄악을 쌓는 것이며 하나님을 노엽게 하는 것이다.[24]

---

20) 창4:5, 히11:4-6

21) 고전13:1

22) 마6:2-5

23) 암5:21-22, 롬9:16, 딛3:5

24) 욥21:14-15, 마25:41-43

제17장

성도의 견인에 관하여

The Perseverance of the Saints

1 하나님이 독생자 안에서 양자로 받아들이고 성령에 의하여 유효적 소명을 주시고 거룩하게 하셨고 택자의 고귀한 믿음을 받은 자들은 은혜 상태에서 전적으로 혹은 최종적으로 떨어져 나갈 수 없다. 오히려 그들은 은혜 상태에서 끝까지 확고하게 보존되어 영원한 구원을 받게 된다. 이것은 하나님의 은사와 소명은 후회가 없는 것이기 때문이다. 하나님은 그들에게 믿음, 회개, 사랑, 희락, 소망, 그리고 성령의 모든 은사들을 공급해 주시어 영원히 멸망치 않게 하실 것이기 때문이다.[1] 비록 많은 풍파가 성도들을 덮친다 할지라도 믿음에 의하여 단단히 접붙여진 그들의 기초 반석은 흔들리지 않을 것이다. 비록 불신앙과 사탄의 유혹 때문에 한동안 하나님의 빛과 사랑이 흐릿하게 보이거나 느껴지는 일이 생길지라도[2] 하나님은 여전히 동일한 분이시다. 그러므로 그들은 자신들의 구원이 완성될

1) 요10:28-29, 빌1:6, 딤후2:19, 요일2:19　2) 시89:31-32, 고전11:32

때까지 하나님의 능력이 그들은 확고하게 붙잡고 있을 것이다. 구원이 완성될 때 그들은 자신들의 유업을 향유하게 될 것이다. 그들은 하나님의 손바닥에 새겨넣어진 자들이며, 그들의 이름은 영원 전부터 생명책에 기록된 자들이다.[3]

2 성도의 이 견인은 그들에게 즉, 그들 자신의 의지적 선택에 좌우되지 않는다. 그것은 하나님 아버지의 자유롭고 불변적인 사랑으로부터 나오는 선택 작정의 불변성에 의거한다.[4] 그것은 또한, 예수 그리스도의 공로와 중재의 유효성에 의거하고, 참된 성도들이 그리스도와 맺은 연합에 의거한다.[5] 또한 하나님의 약속,[6] 성령의 내주하심, 성도 안에 있는 하나님의 씨,[7] 은혜언약의 본질[8]에 의거한다. 이 모든 요소들은 성도의 보호와 견인의 확실성과 무오성의 근원이다.

3 성도들은 사탄과 세상의 유혹을 통하여, 그리고 그들에게 남아 있는 죄악된 성향이 그들보다 우세하기 때문에, 하나님이 그들을 지키기 위하여 공급해 주신 수단을 그들이 소홀히 하기 때문에, 심각한 죄에 빠지기도 한

3) 말3:6
4) 롬8:30, 9:11-16
5) 롬5:9-10, 요14:19
6) 히6:17-18
7) 요일3:9
8) 4렘32:40

다. 그들은 잠시 동안 이런 상태에 빠져서[9] 하나님을 불쾌하게 만들고 성령을 슬프게 하며,[10] 은사와 위로를 손상시키고[11] 자신들의 마음을 강팍하게 만들고 자신들의 양심에 상처를 입히고 다른 사람들을 해치고 모욕을 주는 일이 일어날 수 있다. 이렇게 해서 그들은 일시적인 심판을 초래하게 된다.[13] 그러나 그들은 회개를 새롭게 하고, 예수 그리스도를 믿음으로 말미암아 끝까지 보존될 것이다.[14]

9) 마26:70-74
10) 사64:5-9, 엡4:30
11) 시51:10-12
12) 시32:3-4
13) 삼하12:14
14) 눅22:32,61-62

제18장
구원의 확신에 관하여
Assurance of Salvation

1 비록 일시적인 신자들과 구원받지 못한 다른 사람들이, 자신들이 하나님의 은총을 받고 있으며 구원받은 상태에 있다는 거짓된 희망과 육적인 억측으로 자신을 헛되이 기만할 수 있을지라도 그들 편에서의 이런 희망은 소멸하고 말 것이다.[1] 하지만 주 예수 그리스도를 참으로 믿고 있으며 그를 신실하게 사랑하는 자들, 그 앞에서 모든 선한 양심으로 행하려고 애쓰는 자들은 이생에서 자신들이 은혜 상태에 있다는 사실에 대한 확고한 확신을 가질 수 있을 것이며, 하나님의 영광에 대한 소망 안에서 즐거워할 수 있을 것이다.[2] 그리고 이러한 소망은 결코 그들을 수치스럽게 만들지 않을 것이다.[3]

---

1) 욥8:13-14, 마7:22-23

2) 요일2:3,3:14-24,5:13

3) 롬5:2-5

2 이 확신은 단지 추측에 의한 신념이 아니며 틀릴 가능성이 있는 희망사항에 입각한 그럴듯한 신념도 아니다. 그것은 복음에 계시된 그리스도의 피와 의에 기초한,[4] 믿음의 무오한 확신이다.[5] 또한 성경에 명시된 분명한 약속과 결부된 성령의 은사들의 내적 증거에,[6] 그리고 양자의 영의 증거에 입각한 것이다. 이 양자의 영 즉, 성령은 우리가 하나님의 자녀들이라는 사실을 우리와 더불어 증거하고[7] 그 결과, 우리의 심령이 겸손하고 거룩한 상태로 머물러 있게 한다.[8]

3 이 무오한 확신은 믿음의 본질에 속한 것은 아니다. 그러나 참된 신자는 오랫동안의 기다림과 많은 어려움과의 투쟁 끝에 이 확신에 도달하기도 한다.[9] 참된 신자는 하나님이 자기에게 기꺼이 주시는 것들을 아는 것이 성령에 의하여 가능하기 때문에, 어떤 예외적인 계시가 없어도, 은혜의 수단을 올바르게 사용하여 이 확신을 획득할 수도 있다.[10] 그러므로 자신의 소명과 선택을 확실히 하여 자기 심령의 평화와 즐거움이, 하나님에 대한 사랑과 감사함이, 순종의 의무들을 이행하기 위한 힘과 쾌활함이 성령 안에서 더

4) 히6:17-18
5) 히6:11,19:5
6) 벧후1:4-11
7) 롬8:15-16
8) 요일3:1-3
9) 사50:10, 시88,77:1-12
10) 요일4:13, 히6:11-12
11) 롬5:1-5,14:17, 시119:32

욱 커지도록 하기 위한 것에 최대한 근면해야 하는 것은 모두의 의무이다. 이러한 의무들은 확신의 자연스러운 열매이다.[11] 이 확신은 결코, 사람들을 태만하게 만들지 않는다.[12]

4 참된 신자들이 가지고 있는 구원의 확신은 여러 가지 방법으로 흔들리거나 줄어들거나 일시적으로 중단될 수도 있다. 이것은 그들이 그 확신을 지키는 일에 게을렀기 때문일 수 있다.[13] 아니면, 그들이 어떤 특별한 죄에 빠져 양심에 상처를 입히거나 성령을 슬프게 하였거나[14] 갑작스럽거나 강력한 유혹때문이거나[15] 하나님이 자신의 얼굴 광채를 거두어 하나님을 경외하는 자들이 빛이 없는 어둠 속에서 행하게 되었기 때문일 수도 있다.[16] 그러나 참된 신자들은 하나님의 씨앗,[17] 믿음의 생명,[18] 그리스도와 형제들에 대한 사랑, 그리고 자신들의 영적 의무에 대한 마음과 양심의 신실함을 언제나 간직하고 있다. 이것들로부터, 성령의 역사에 의하여, 그들의 확신은 적당한 때에 되살아 날 수 있다.[19] 그리고 이러한 은사들이 존재하기 때문에 그들은 철저한 절망에 빠지지 않는다.[20]

---

12) 롬6:1-2, 딛2:11-14
13) 아5:2-6
14) 시51:8-14
15) 시116:11,77:7-8,31:22
16) 시30:7
17) 요일3:9
18) 눅22:32
19) 시42:5-11
20) 애3:26-31

제19장
율법 즉, 하나님의 법에 관하여
The Law of God

1 하나님은 아담의 마음속에 보편적 순종에 관한 법을 새겨주셨다. 그리고는 아담에게 선과 악을 알게 하는 나무의 열매는 먹지 말라는 매우 특별한 지시를 내리셨다.[1] 이 때문에 아담과 아담의 모든 후손들에게는 인격적이고 전체적이며 정확하고 항구적인 순종의 의무가 생긴 것이다.[2] 이 법을 준수하면 생명을 주고, 어기면 사망을 줄 것이라고 약속하셨다. 그와 동시에 아담에게는 이 명령을 지킬 힘과 능력을 주셨다.[3]

2 맨 먼저 사람의 마음에 새겨주신 바로 그 율법은 타락 사건 이후에도 계속해서 의로움에 관한 완벽한 규칙이 되었고,[4] 시내 산에서 하나님이 열 개의 계명으로 두 개의 돌판에 기록해 주셨다. 첫 번째 돌 판의 네 계명은

1) 창1:27, 전7:29
2) 롬10:5
3) 갈3:10-12
4) 롬2:14-15

하나님을 향한 우리의 의무를 담고 있고, 그 다음의 여섯 계명은 인간을 향한 우리의 의무를 담고 있다.[5)]

3 하나님은 흔히 도덕법이라고 하는 이 율법 이외에도, 이스라엘 백성들에게 몇 가지 전형적인 의식을 담고 있는 의식법을 주셨다. 이 의식들은 이스라엘 백성들의 예배와 부분적으로 관련되어 있다. 그 중에, 그리스도와 그리스도의 속성, 특질, 활동, 고난과 은택들과 더불어 예시되었다.[6)] 이 의식들은 여러 가지 도덕적 의무들에 관한 가르침도 전달하였다.[7)] 이 모든 의식법들은 참된 메시아요 유일한 입법자 즉, 성부 하나님으로부터 이 목적을 이루기 위한 능력을 부여받은 예수 그리스도가 무효화하고 제거할 때까지만 효력이 있었다.[8)]

4 하나님은 이스라엘 백성들에게 그들이 하나의 국가로써 존재할 때에만 적용되는 여러 가지 사법적 법을 주셨다. 이것들은 이스라엘 국가법의 일부이기 때문에 보편적인 구속력이 없다. 그러나 그 밑바탕에 깔려 있는 보편적인 형평의 원리는 현대에도 지속적으로 적용 가능하다.[9)]

---

5) 신10:4
6) 히10:1
7) 고전5:7
8) 골2:14-17, 엡2:14-16
9) 고전9:8-10

5 도덕법 때문에 모든 사람 즉, 의롭게 된 사람들과 다른 사람들이 순종의 의무에 매인다.[10] 그리고 거기에 담겨 있는 내용을 고려해서만이 아니라 그 법을 주신 창조주 하나님의 권위에 대한 존중 때문에라도 그렇다.[11] 그리스도는 복음에서 어떤 점에서도 이 법을 없애지 않고 오히려 이 법에 순종해야 할 우리의 의무를 의도적으로 강화한다.[12]

6 비록 참된 신자들이 행위언약으로서의 법에 지배당하여 이 법에 의하여 의롭게 되거나 저주를 받는 것은 아닐지라도,[13] 그들과 다른 사람들에게 대단히 쓸모가 있다. 그 이유는 생활 규칙으로서의 율법은 하나님의 뜻과 그들의 의무를 알려 주고, 그에 따라서 행하도록 그들을 지도하고 규율해 주기 때문이다. 또한 이 율법은 그들의 본성 즉, 그 심령과 삶의 죄악으로 오염된 것들을 드러내고 폭로해 준다. 이 율법을 자기 검증 목적으로 사용하면 죄를 더 크게 확신하게 되고 더 겸손하게 되고 자신들의 죄를 더욱 미워하게 될 수 있다.[14] 또한 그들은 자신들이 그리스도를 필요로 한다는 것과 그리스도의 순종이 완전하다는 것을

10) 롬13:8-10, 약2:8-12
11) 약2:10-11
12) 마5:17-19, 롬3:31
13) 롬6:14, 갈2:16
14) 롬3:20,7:7
15) 롬6:12-14, 벧전3:8-13

좀더 명확하게 깨닫게 될 것이다. 거듭난 사람들에게 있어서 율법은 자신들이 가지고 있는 부패를 억제하는 데 쓸모가 있다. 율법이 죄를 금하는 그 방법 때문에 그렇다. 율법의 위협은 그 죄의 댓가가 실제로 어느 정도인지, 율법의 저주와 그 줄기찬 혹독함으로부터 해방된 거듭난 자들이 짓는 죄들로 인하여 이생에서 받을지도 모르는 괴로움이 어떤 것인지를 보여 준다. 또한 율법과 연결된 약속들은 순종에 대한 하나님의 인정하심을 신자들에게 보여 주고, 그들이 율법을 준수하고 순종할 때 비록 그들이 행위언약으로써의 율법을 만족시켰기 때문에 축복이 오는 것은 아닐지라도 어떤 축복을 기대할 수 있는지를 보여준다. 만일 어떤 사람이 단지 율법이 선을 촉구하고 악을 단념시키기 때문에 선을 행하고 악을 멀리할지라도, 그것은 그가 은혜 아래에 있기보다는 율법 아래에 있다는 증거는 아니다.[15)]

7 율법에 관하여 위에서 언급한 용도들은 복음의 은혜와 모순되지 않는다. 오히려 거기에 부합한다.[16)] 그리스도의 영이 인간의 의지를 억제하여, 율법에 계시된 하나님의 뜻이 하라고 요구하는 것들을 자유롭고 즐겁게 할 수 있도록 만들어 주기 때문이다.[17)]

---

16) 갈3:21

17) 겔36:27

제20장

복음과 그 은혜의 범위에 관하여

The Gospel and the Extent of the Grace

1 행위언약은 죄에 의하여 깨졌고 생명에는 무익하게 되었기 때문에 하나님은 하와에게 약속하신 자손인 그리스도를, 택자를 부르시고 그들 안에 믿음과 회개를 생겨나게 해 줄 수단으로 약속하기를 즐거워하셨다.[1] 바로 이 약속에서 복음의 실체가 계시되었고, 죄인들의 회심과 구원이 유효한 것임을 보여 주었다.[2]

2 그리스도와 그리스도에 의한 구원이라는 이 약속은 오직 하나님의 말씀에 의해서만 계시된다.[3] 자연의 빛을 가진 창조와 섭리의 사역들은 그리스도 또는 그리스도의 은혜를 개략적이든 모호하게든 계시해 주지 않는다.[4] 하물며 약속 혹은 복음에 의하여 그리스도를 계시받지 못한 사람들은 자연의 빛에 의해서는 구원에 이르는 믿음 혹

1) 창3:15
2) 계13:8
3) 롬1:17
4) 롬10:14-17

은 회개에 이르지 못한다.[5]

3 죄인들에게 다양한 시기에 여러 부분으로 주어졌고 약속들, 그리고 요구된 응답들에 관한 교훈들로 채워진 복음의 계시는 오직 하나님의 주권적인 뜻과 선하신 즐거움에 따라서만 나라들과 개인들에게 주어졌다.[6] 그들이 상식의 인도를 받아 그 삶이 올바른 것을 지향하고 자신들의 방식을 개선할 전망이 있기 때문에 받은 것은 아니다. 어느 누구도 그렇지 않았고 그렇게 할 수도 없다.[7] 그러므로 모든 시대에, 하나님의 뜻에 어떻게든 개인들과 나라들에게 복음을 설교해 왔다.

4 비록 복음이 그리스도와 '구원에 이르게 하는 은혜'를 계시하는 유일한 외적 수단이며 이것을 성취하기에 전적으로 충분하지만, 범법 속에 죽어 있는 인간들을 거듭나게 하고 생명으로 인도 즉, 거듭나게 할 수 있으려면 그 이상의 것이 필요하다. 성령이 전인격에 영향을 미쳐 새로운 영적인 생명을 만들어 내는 유효적이고 저항할 수 없는 역사가 존재해야 한다.[8] 이 역사가 없이 다른 수단들만으로는 사람을 하나님께로 돌이키는 일이 발생하지 않는다.[9]

---

5) 잠29:18, 사25:7,60:2-3
6) 시147:20
7) 롬1:18-32
8) 시110:3, 고전2:14, 엡1:19-20
9) 요6:44, 고후4:4-6

제21장
그리스도인의 자유와 양심의 자유에 관하여
Christian Liberty and Liberty of Conscience

1 복음에 속한 신자들을 위하여 그리스도께서 획득한 자유는, 죄책과[1] 하나님의 저주의 분노로부터의 자유, 율법의 준엄함과 저주로부터의 자유에 있고, 악한 이 현재 세상으로부터,[2] 사탄에 대한 속박으로부터,[3] 죄의 지배로부터,[4] 고통스러운 것들로부터 해받는 것으로부터,[5] 죽음에 대한 두려움과 그 쏘는 것으로부터, 무덤의 승리로부터,[6] 영원한 저주로부터[7] 구원받음에 있다. 또한 이 자유는 하나님께 자유로이 나아감과 노예의 두려움 때문이 아니라[8] 어린아이 같은 사랑과 기꺼운 마음으로 하나님께 순종할 수 있음에도 있다.[9] 이 모든 자유들은 실질적으로, 구약의 율법하에 있던 참된 신자들도 누렸다.[10] 그러나 신약의 그리스도인들에게서 이 자유는 더욱 확대되었다. 이들은 유대 교회가

1) 갈3:13
2) 갈1:4
3) 행26:18
4) 롬8:3
5) 롬8:28
6) 고전15:54-57
7) 살전1:!0
8) 롬8:15
9) 눅1:73-75, 요일4:18
10) 갈3:9-14

복종하였던 의식법의 멍에로부터 해방되었기 때문이다. 또한 이들은 율법의 지배를 받던 신자들이 정상적으로 경험하였던 것 이상으로 은혜의 보좌에 더욱 큰 담대함으로 나아가고 자유로운 성령의 교통하심을 더욱 충분히 누린다.[11]

2 오직 하나님만이 양심의 주이며,[12] 어떤 면에서 하나님의 말씀에 모순되거나 하나님의 말씀에 담겨 있지 않은 모든 인간적인 교리들과 계명들로부터 양심을 해방시켜 준다.[13] 따라서 양심을 떠나 이런 교리를 믿거나 이런 계명들을 따르는 것은 양심의 참된 자유를 배반하는 것이다.[14] 맹목적인 신앙, 절대적이고 맹목적인 순종을 요구하는 것은 양심과 이성의 자유를 파괴하는 것이다.[15]

3 그리스도인의 자유를 구실로 삼아 죄를 짓거나 죄악된 탐욕을 품는 사람들은 복음적 은혜의 목적을 왜곡하여 자기 자신을 파괴하는 것이다.[16] 이런 자들은 그리스도인의 자유의 목적을 즉, 우리가 모든 원수들의 손아귀에서 구원받아 우리가 살아가는 모든 날 동안에 두려움 없이 주님 앞에 있는 의와 경건으로 주님을 섬기도록 한다는 그 목적을 완벽하게 파괴한다.[17]

11) 요7:38-39, 히10:19-21
12) 약4:12, 롬14:4
13) 행4:19,5:29, 고전7:23, 마15:9
14) 골2:20-23
15) 고전3:5, 고후1:24
16) 롬6:1-2
17) 갈5:13, 벧후2:18-21

제22장

예배와 유월절에 관하여

Worship and Sabbath Day

1 자연의 빛에 의하면, 주권을 가지고 만물을 다스리는 의롭고 선한 즉, 모두에게 선을 행하시는 한 분 하나님이 존재한다. 그러므로 온 마음과 온 영혼 그리고 온 힘을 다해 그분을 경외하고 사랑하고 찬양하고 의존하고 신뢰하며 섬겨야 한다.[1] 그러나 참된 하나님을 예배하는 합당한 방법은 하나님 자신이 세우셨다.[2] 그러므로 우리의 예배 방법은 하나님 자신이 계시하신 뜻에 의해 제한받아야 한다. 인간의 상상력과 고안물에 따라 그리고 사탄의 제안에 따라 하나님을 예배해서는 안 된다. 가시적인 표현물 혹은 성경에서 규정되지 않은 다른 어떤 방법들에 의하여 하나님을 예배해서도 안 된다.[3]

---

1) 렘10:7, 막12:33
2) 신12:32
3) 출20:4-6
4) 마4:9-10,28:19, 요4:23

2 예배는 성부 · 성자 · 성령 하나님께 오직 그분께만 드려야 한다.[4] 천사, 성자, 혹은 어떤 다른 피조물을 예배해서는 안 된다.[5] 아담의 타락 이후에는 중보자 없이는 예배를 드릴 수 없게 되었고,[6] 오직 그리스도만이 우리의 예배를 가능하게 하는 유일한 중보자이시다.[7]

3 기도는 감사와 더불어 자연적인 예배의 한 부분을 이루며 하나님이 모든 사람에게 요구하는 것이다.[8] 그러나 그것이, 받아들여질 만한 것이 되기 위해서는 성자의 이름으로,[9] 성령의 도움에 의하여,[10] 하나님의 뜻에 따라 해야 하고,[11] 그리고 이해와 존경과 겸손과 열정과 믿음과 사랑과 인내로 해야만 한다. 합심하여 기도할 때는 함께 알아들을 수 있는 말로 해야 한다.[12]

4 합법적인 것들을 위하여, 지금 살아가고 장래에 살아가게 될 모든 종류의 사람들을 위하여 기도할 수 있다.[13] 그러나 죽은 자들[14] 혹은 "죽음에 이르는 죄"를 범하였다고 알려진 사람들을 위한 기도는 안 된다.[15]

---

5) 롬1:25, 골2:18, 계19:10
6) 요14:6
7) 딤전2:5
8) 시95:1-7, 65:2
9) 요14:13-14
10) 롬8:26
11) 요일5:14
12) 고전14:16-17
13) 딤전2:1-2, 삼히7:29
14) 삼하12:21-23
15) 요일5:16

5 성경을 읽는 것,[16] 하나님의 말씀을 전하고 듣는 것,[17] 서로 시편과 찬양과 영적인 노래 속에 있는 가르침과 훈계를 전하고 듣고 주님을 향하는 마음으로 노래하는 것,[18] 그리고 침례[19]와 주의 만찬[20]을 시행하는 것이 하나님께 드리는 예배를 구성한다. 이것들을 하나님을 향한 순종으로, 이해와 믿음과 존경 그리고 경건한 두려움을 가지고 시행해야 한다. 그리고 엄숙히 겸비하고 금식하고[21] 감사를[22] 드려야 하는 때는 특별한 경우에 거룩하고 공손한 태도로 지켜야 한다.

6 복음 아래에서는, 예배의 기도 혹은 어떤 부분도 예배를 거행하거나 지향하는 장소와 결부되거나 그것에 의하여 더욱 받아들여질 만한 것으로 되거나 할 수 없다. 사사로운 가정에서든[23] 일상적인 것이든[24] 개인이 은밀히 드리는 것이든[25] 공적으로 회집하여 엄숙하게 드리는 것이든, 모든 곳에서 신령과 진정으로[26] 하나님께 예배드려야 한다. 하나님이 말씀과 섭리로 우리를 예배로 이끄실 때 부주의나 고의로 무시해서도 저버려서도 안 된다.[27]

---

16) 딤전4:13
17) 딤후4:2, 눅8:18
18) 골3:16, 엡5:19
19) 마28:19-20
20) 고전11:26
21) 에4:16, 엘2:12
22) 출15:1-19, 시107
23) 행10:2
24) 마6:11, 시55:17
25) 마6:6
26) 요4:21, 말1:11, 딤전2:8
27) 히10:25, 행2:42

7 대개, 하나님이 정하신 대로 일정한 시간을 따로 떼어내 하나님을 예배드려야 하는 것은 자연 법칙인 것처럼, 하나님은 말씀 가운데서 어떤 적극적이고 도덕적이며 항구적인 계명을 주셨다. 이 계명은 모든 시대, 모든 사람들에게 구속력을 가진다. 하나님은 7일 중에서 특별히 하루를 안식일로 정하여 자기를 위하여 거룩하게 지키도록 하셨다.[28)] 세상을 창조하셨을 때부터 그리스도께서 부활하실 때까지 안식일은 한 주간의 마지막 날이었다. 그리고 그리스도의 부활 이후엔 한 주간의 첫 번째 날이 되었고 '주의 날' (The Lord's Day)이라고 부르게 되었다.[29)] 그리고 세상이 끝날 때까지 이 방식을 지속하기로 하고 그 주간의 마지막 날을 준수하는 것을 폐지하였다.

8 반드시 자신의 마음을 준비하고 자신의 일상적인 일들을 미리 정리한 뒤에 하루종일 자기 자신의 세속적인 직업과 여흥에 관련된 일과 말과 생각으로부터 벗어나 거룩한 안식을 취하며,[30)] 전체 시간을 공사의 예배 활동에 드리고 꼭 필요하고 자비로운 의무들을 수행하는[31)] 사람들은 안식일을 주님께 거룩하게 드리는 것이다.

---

28) 출20:8

29) 고전16:1-2, 행20:7, 계1:10

30) 사58:13, 느13:15-22

31) 마12:1-13

제23장

합법적인 맹세와 서약에 관하여

Lawful Oaths and Vows

1 합법적인 맹세는 종교적 예배 행위로써, 사람이 진실과 의로움과 판단을 내리면 맹세할 때 자신이 맹세하고 있는 것을 증거해 주시고[1] 그 진위에 따라 자신을 심판해[2] 달라고 하나님께 엄숙히 요청하는 행위이다.

2 하나님의 이름에 의해서는, 오직 의로운 맹세만 해야 하고 하나님에 대한 최상의 경외심으로 해야만 한다. 그러므로 하나님의 영광스럽고 두려운 이름으로 헛되거나 성급하게 맹세하는 것 혹은 어떤 다른 이름이나 사물에 의하여 맹세하는 것은 죄악 된 것이며, 역겹고 혐오스러운 것이라고 생각해야 한다.[3] 그러나 중차대한 문제에서는 진실성을 확증하기 위하여 그리고 갈등을 종식시키기 위하여 하는 맹세는 하나님의 말씀이 인정한다.[4] 그러므로

1) 출20:7, 신10:20, 렘4:2
2) 대하6:22-23
3) 마5:34-37, 약5:12
4) 히6:16, 고후1:23

이와 같은 경우에 합법적인 권위가 요구하는 올바른 맹세는 하는 것이 옳다.[5)]

3 하나님의 말씀이 보증하는 맹세를 하는 자는 그 행위가 갖는 엄숙한 무게를 생각해야 하고, 자신이 진실이라고 알고 있는 것 이외의 어떤 주장을 하거나 고백해서는 안 된다. 성급하고 거짓되고 헛된 맹세는 주님을 노엽게 만들기 때문이며, 그 때문에 이 땅이 슬퍼하기 때문이다.[6)]

4 모호함이나 지적인 속임수 없이 단지 그 말이 가지고 있는 명백하고 일반적인 의미로 맹세를 해야 한다.[7)]

5 서약은 오직 하나님 이외의 어떤 피조물에 대하여 해서는 안 되며, 최고의 주의와 신실함으로 맹세하고 준수해야 한다.[8)] 종신 독신,[9)] 청빈,[10)] 규율 복종에 관한 수도원 서약은 결코 고차원적인 완전 단계가 아니다. 그리스도인들이 빠져들어서는 안 되는 미신적이며 죄악된 올무들이다.[11)]

---

5) 느13:25
6) 레19:12, 렘23:10
7) 시24:4
8) 시76:11, 창28:20-22
9) 고전7:2,9
10) 엡4:28
11) 마19:11

제24장

공직에 관하여

the Civil Magistrate

1 세계 전체의 가장 높으신 주요 왕이신 하나님은 하나님 자신의 영광과 공공의 선을 위하여 자기 아래에 그리고 백성들 위에 공직자를 세우셨다. 이러한 목적 때문에, 하나님은 그들에게 칼의 권세로 그들을 무장시켜서 선을 행하는 자들을 보호하고 북돋도록 하고 악행자들을 처벌하도록 하셨다. [1]

2 그리스도인들이 요청을 받고 공직을 받아들여 그 직무를 수행하는 것은 합법적이다. 그리스도인들이 이와 같은 직무를 수행할 때 국가의 올바르고 유익한 법을 적용하여 정의와 평화를 유지하는 것에 특별한 책임이 있다.[2] 또한 신약성경에 따르면, 만일 정의롭고 반드시 필요한 경우라면 정의와 평화를 유지하기 위하여 전쟁에 참여해도 좋다.[3]

---

1) 롬13:1-4

2) 시82:3-4

3 공직자들 즉, 정부는 위와 같은 목적을 위하여 하나님이 세우신 것이기 때문에, 우리는 그들이 내리는 합법적인 모든 명령을, 우리는 단지 처벌을 피하기 위해서가 아니라 우리의 양심을 위하여 주 안에서 복종해야 한다.[4] 우리는 지배자들과 공직자들의 통치 하에 모든 경건과 정직함 가운데 조용하고 평화로운 삶을 살 수 있도록, 그들을 위하여 간구하고 기도해야 한다.[5]

---

3) 눅3:14

4) 롬13:5-7, 벧전2:17

5) 딤전2:1-2

제25장

결혼에 관하여

Marriage

1 결혼은 한 남자와 한 여자 사이에서 이루어져야 한다. 남자가 한 명 이상의 아내를, 여자가 한 명 이상의 남편을 동시에 두는 것은 합법적이지 않다.[1]

2 결혼은 남편과 아내가 서로 돕기 위하여,[2] 합법적인 자녀를 통하여 인류가 번성하기 위하여,[3] 불결을 막기 위하여[4] 이루어져야 한다.

3 건전한 판단력으로 동의할 수 있다면 모든 사람들은 합법적으로 결혼할 수 있다.[5] 그러나 그리스도인은 주 안에서 결혼해야 한다.[6] 따라서 참된 신앙을 고백하는 자들은 불신자들이나 우상숭배자들과 결혼해서는 안 된

---

1) 창2:24, 말2:15, 마19:5-6
2) 창2:18
3) 창1:28
4) 고전7:2,9
5) 히13:4, 딤전4:3
6) 고전7:39

다. 경건한 자들은 사악한 인생을 살거나 심판받을 이교도적 가르침을 주장하는 자들과 결혼하여 멍에를 함께 매어서도 안 된다.[7)]

4 하나님의 말씀에서 금지하는 범위에 드는 혈족 혹은 인척과의 결혼은 안 된다.[8)] 이와 같은 사람들이 부부가 되어 함께 살 수 있도록, 인간의 법이나 합의에 의해서 근친혼을 합법적인 것으로 만들어서도 안 된다.[9)]

---

7) 느13:25-27

8) 레19

9) 막6:18, 고전5:1

제26장

교회에 관하여

The Church

1 (성령과 은혜의 진리가 수행하는 내적 사역이라는 점에서) '비가시적' 이라고도 하는 '보편적' 혹은 '우주적 교회'는 택자들 전체 즉, 머리이신 그리스도 안에서 하나로 모였고 모이고 있으며 장차 모이게 될 모든 자들로 구성된다. 이 우주적 교회는 만물 안에서 만물을 채우시는 자의 아내요 몸이요 충만함이다.[1)]

2 복음에 대한 믿음과 그 복음에 따라 그리스도를 순종한다고 고백하는, 그리고 복음의 기초를 반하거나 뒤집는 오류들에 의하거나 불경건한 행위들에 의하여 자신들의 고백을 파괴하지 않는, 전 세계의 모든 사람들은 가시적인 성도들이며 그러한 성도들이라고 간주해도 좋다.[2)] 개별적인 모든 회중을, 이런 사람들로 구성해야 한다.[3)]

---

1) 히12:23, 골1:18, 엡1:10,1:2223, 5:23-32

2) 고전1:2, 행11:26

3) 롬1:7, 엡1:20-22

3 하늘 아래에 존재하는 가장 순수한 교회들은 혼탁과 오류를 겪는다.[4] 그리고 어떤 교회는 몹시 타락하여 더 이상 그리스도의 교회가 아니라 사탄의 회당이 되고 말았다.[5] 그럼에도 불구하고 그리스도는 이 세상에 자신의 나라 즉, 그리스도를 믿고 그리스도의 이름을 고백하는 자들로 구성된 자신의 왕국을 항상 소유해 오셨고 세상이 끝날 때까지 항상 소유하고 계실 것이다.[6]

4 주 예수 그리스도는 바로 이 교회의 머리이시다. 그리스도에게, 성부 하나님의 정하심에 의하여, 그 교회의 부르심, 설립, 질서, 혹은 다스림을 위한 모든 권세를 최고의 절대주권적인 방법으로 부여하셨다.[7] 로마 교황은 어떤 의미에서도 교회의 머리가 될 수 없다. 단지 적그리스도 즉, 교회에서 자신을 그리스도에 반하여 높이는 죄인이며 멸망의 자식에 불과하다. 주님께서 다시 오실 때의 그 찬란한 광채에 의하여 파괴될 자이다.[8]

5 주 예수 그리스도는 성부 하나님이 자기에게 주신 자들을, 자기에게 맡겨진 권위를 발휘하여, 세상으로부터, 자신의 말씀을 통하여, 성령에 의하여, 자기에게로

4) 고전5, 계2,3
5) 계18:2, 살후2:11-12
6) 마16:18, 시72:17,102:28, 계12:17
7) 골1:18, 마28:18-20, 엡4:11-12
8) 살후2:3-9

부르신다.[9] 그리하여 그는 자신의 말씀에서 그들에게 규정해 준 모든 순종의 길에서 그들이 자기 앞에서 행할 수 있도록 하신다.[10] 그는 이와 같은 소명을 받는 자들에게, 개별적인 교회에서 함께 하여 서로 교화를 나누고, 이 세상에 있는 동안 그들에게 요구하시는 공적 예배를 적절하게 수행하라고 명령하신다.[11]

6 이 교회들을 구성하는 사람들이 성도들이다. 이들은 그리스도가 부르신 자들이기 때문이며, 고백하고 행함에 의해서 그 부르심에 대한 자신들의 순종을 가시적으로 나타내고 증거하기 때문이다.[12] 이러한 성도들은 그리스도가 정하신 대로 기꺼이 행하고, 하나님의 뜻에 따라 주님께 그리고 서로에게 자신을 내어 주어 복음의 규례에 따라 확고하게 복종한다.[13]

7 주님이 자신의 말씀에서 선포하신 대로 주의 생각에 따라, 이처럼 모인 이 교회 각각에게, 주님은 준수하라고 세워 주신 예배와 치리의 질서를 지속적으로 수행하는 데 필요한 모든 능력과 권위를 부여하셨다. 또한 이 능력을 적절하고 바르게 사용하기 위한 모든 명령과 규칙들

9) 요10:16, 요12:32

10) 마28:20

11) 마18:15-20

12) 롬1:7, 고전1:2

13) 행2:41-42, 5:13-14, 고후9:13

14) 마18:17-18, 고전5:4-5,5:13, 고후2:6-8

도 주셨다.[14)]

8 그리스도의 생각에 따라 모여서 완벽하게 조직된 개별적인 교회는 직분자들과 회원들로 구성된다. 직분자들은 그리스도께서 선별하여 정하고 그 교회가 따로 세운 자들로서 감독 혹은 장로들과 집사들이다. 성례전을 특별히 집행하고, 주님이 그들에게 맡기고 소명으로 부여하신 권세 혹은 의무를 수행하라고 그들을 임명하셨다. 이러한 형태의 직분제를 세상이 끝날 때까지 지속해야 한다.[15)]

9 성령께서 자질과 은사를 부여한 어떤 사람을 어떤 교회의 감독 혹은 장로 직분으로 불러 내도록 하기 위하여 그리스도께서 정하신 방법은 교회 전체의 공통된 동의와 투표에 의한 선발이다.[16)] 이러한 사람을 금식과 기도로 그리고, 그 교회 장로들이 안수하여 엄숙하게 구별해야 한다.[17)] 그리스도께서 집사를 부르시는 방법도 마찬가지로, 교회의 공통된 동의와 투표에 의하여 선발되고 기도와 안수를 통해 구별해야 한다.[18)]

---

15) 행20:17,28, 빌1:1

16) 행14:23

17) 딤전4:14

18) 행6:3-6

10 목사의 일은 그리스도의 교회에서, 그리스도의 말씀과 기도 사역에 의하여 그리고 마치 주님께 보고해야 하는 자들처럼 그들이 맡고 있는 영혼들을 돌봄에 의하여 그리스도를 계속적으로 섬겨야 하기 때문에,[19] 그들이 섬기는 교회들은 그들에게 적절한 모든 존경을 표해야 할 뿐만 아니라 자신들의 능력에 따라 그들에게 자신들의 모든 좋은 것들 가운데 일정한 몫을 나누어 주어야 할 중요한 책임이 있다.[20] 이렇게 해서, 목사들의 생활이 충분하고 세속적인 일을 갖지 않고[21] 다른 사람들을 환대할 수 있도록 해야 한다.[22] 자연의 법칙, 우리 주 예수 그리스도의 명백한 명령이 이 모든 것을 요구한다. 주님은 복음을 전하는 자들이 복음에 의하여 생계를 유지하도록 정하셨다.[23]

11 교회의 장로들 즉, 목사들에게는, 그 직무상 말씀을 긴급하게 전해야 하는 책무를 지고 있지만, 말씀을 전하는 일은 오직 그들에게만 한정된 것은 아니다. 그러므로 이 일을 수행하도록 성령께서 은사와 자질을 부여하였고, 그 교회가 동의하고 소명을 부여한 다른 사람들도 설교의 직무를 수행할 수 있으며 수행할 필요도 있다.[24]

---

19) 행6:4, 히13:17
20) 딤전5:17-18, 갈6:6-7
21) 딤후2:4
22) 딤전3:2
23) 고전9:6-14
24) 행11:19-21, 벧전4:10-11

12 모든 신자들은 개별교회에 가입해야 할 기회가 주어질 때 또 그런 교회에 가입해야 한다. 어떤 교회의 혜택을 받게 된 모든 사람은 그리스도의 규칙에 따라 그 교회의 감독과 통제를 받는다.[25)]

13 교회의 구성원들은 교회에서 어떤 동료가 범한 잘못 때문에, 일단 그 잘못을 범한 사람을 향하여 교회가 정한 의무를 이행한 뒤에, 어떤 식으로든 교회 질서를 어지럽혀서는 안 된다. 그리고 이와 같은 잘못에 관한 어떤 규정들을 시행하거나 교회의 회합에 빠져서도 안 된다. 오히려, 그 교회가 수행하는 그 이상의 일 처리에서 그리스도를 섬겨야 한다.[26)]

14 각각의 교회 그리고 그 모든 구성원들은 모든 곳에서 그리스도의 모든 교회들의 유익과 번성을 위하여 지속적으로 기도하고,[27)] 자기 주변의 모든 사람에게 자신들의 은사를 사용하여 도움을 주어야 할 책무가 있다. 따라서, 하나님의 섭리에 의하여 교회가 세워지면 평화와 사랑의 증진, 상호 교화의 증진을 위하여 교제를 나누어야 한다.[28)]

---

25) 살전5:14, 살후3:6,3:14-15
26) 마18:15-17, 엡4:2-3
27) 엡6:18, 시122:6
28) 롬16:1-2, 요삼8-10

15 교리 문제에서든 행정 문제에서든, 교회 전체들 혹은 어느 한 교회에서, 평화와 연합과 교화에 영향을 미치는 다툼과 의견차이가 발생한 경우에는, 혹은 어떤 교회의 어떤 구성원이 말씀과 정당한 질서에 일치하지 않은 치리 절차로 인하여 상처를 입은 경우에는, 함께 교제를 나누고 있는 많은 교회들이 합당한 대표자들을 통하여 함께 생각하고, 논란되는 그 문제에 관하여 충고하고, 관련된 모든 교회에 보고하는 것이 그리스도의 생각을 따르는 것이다.[29)]

그러나 이들 대표들이 모일 때, 그들은 교회의 어떤 실질적인 권력을 부여받은 것이 아니며 그 문제에 연루된 교회들에 대하여 어떤 사법적 관할권을 부여받은 것도 아니다. 그들은 어떤 교회 혹은 인물들을 징계할 수 없고 자신들의 판단을 그 교회 혹은 그 교회의 직분자들에게 강요할 수도 없다.[30)]

---

29) 행15:2-6,22-25

30) 고후1:24, 요일4:1

제27장

성도의 교제에 관하여

The Communion of Saints

1 예수 그리스도의 영 즉, 성령에 의하여 자신들의 머리되신 예수 그리스도와 연합을 이룬 모든 성도들은 비록 이런 방법으로는 예수 그리스도와 한 인격을 이루지는 못할지라도 예수 그리스도의 은사들과 고난과 죽으심과 부활과 영광에 참여한다.[1] 또한 성도들 서로가 사랑으로 연합하여 서로의 은사들을 함께 나누며[2] 영육 간의 상호 유익을 지향하는 공적 및 사적 의무들을 질서정연하게 이행할 의무가 있다.[3]

2 성도들은 신앙고백에 의하여, 하나님을 경배하고 서로를 교화하는 일에 도움이 되는 다른 영적 섬김에 있어서 거룩한 교제를 유지해야 한다.[4] 성도들은 외적인 것들에 있어서도 여러 가지 필요와 능력에 따라 서로를 구

1) 요일1:3, 요1:16, 빌3:10, 롬6:5-6

2) 엡4:15-16, 고전12:7,3:21-23

3) 살전5:11,14, 롬1:12, 요일3:17-18, 갈6:10

4) 히10:24-25,3:12-13

제해야 한다.[5] 가족[6] 및 교회[7]와 같은 동료 신자들의 직접적인 교제권에 들어있는 성도들이 발휘하는 것일지라도 이 교제는, 하나님이 기회를 주시는 대로 전체 믿음의 권속에게까지 확대해야 한다. 이것은 주 예수의 이름을 부르는 모든 곳에 존재하는 모든 사람들에게 해당된다. 그러나 서로 성도로서 나누는 이 교제는, 각자가 자신의 물품들과 소유물에 대하여 가지고 있는 개인적인 소유권을 제거하거나 침해하는 것은 아니다.[8]

---

5) 행11:29-30

6) 엡6:4

7) 고전12:14-27

8) 행5:4, 엡4:28

제28장
성례전에 관하여
The Two Sacraments

1 침례와 주의 만찬은 유일한 입법자인 주 예수 그리스도가, 자기 교회에서 세상이 끝날 때까지 지속시킬 목적으로, 적극적이고 주권적으로 제정하신 성례전이다.[1)]

이렇게 거룩하게 세워진 성례전들은 그리스도께서 정하신 바에 따라 합당한 자격과 소명을 갖춘 자들만이 집전해야 한다.[2)]

---

1) 마28:19-20, 고전11:26　　2) 마28:19, 고전4:1

제29장

침례에 관하여

Baptism

1 침례는 신약성경의 의전이며 예수 그리스도께서 정하신 것이다. 침례 받는 사람에게 이것은 그가 그리스도의 죽음과 부활에 참여한다는,[1] 그리스도에게 접붙여진다는, 죄들을 용서받는다는,[2] 그가 예수 그리스도를 통하여 하나님께 자아를 내어놓고 새생명으로 살고 행한다는[3] 것을 가리키는 징표이다.

2 하나님을 향한 회개, 주 예수 그리스도에 대한 믿음과 순종을 실제적으로 고백하는 사람들이, 이 성례전을 받을 합당한 유일한 자격자들이다.[4]

3 이 성례전에서 사용되는 외적인 요소는 물이다. 성부 · 성자 · 성령의 이름으로 물로 침례를 받는 것이

1) 롬6:3-5, 골2:12, 갈3:27
2) 막1:4, 행22:16
3) 롬6:4
4) 막16:16, 행8:36-37,2:41,8:12,18:8

다.[5)]

4 침수례 즉, 사람을 물 속에 담그는 것이 이 성례전을 적절하게 시행하기 위해 반드시 필요하다.[6)]

5) 마28:19-20, 행8:38　　6) 마3:16, 요3:23

제30장

주의 만찬에 관하여

The Lord's Supper

1 주 예수의 만찬은 주님께서 배반당하여 팔리시던 그 날 밤에 직접 제정하신 것으로서 세상이 끝날 때까지 자신의 교회에서 거행하여 자신의 속죄의 죽으심을 지속적으로 기억하고 드러내도록 하신 것이다.[1] 그리스도께서 이 성례전을 제정하신 목적은 신자들에게 자신의 죽음이 가져다주는 모든 은택들을 확립해 주기 위한 것이다. 즉, 신자들이 그리스도 안에서 영적인 양식을 공급받고 성숙하게 하는 것, 신자들이 그리스도에게서 비롯된 모든 의무들에 더더욱 헌신적으로 뛰어들도록 하는 것, 신자들이 그리스도와 및 동료 신자들과 나누는 교제의 띠요 보증물이 되도록 하는 것이[2] 그것이다.

2 이 성례전에서 그리스도를 성부 하나님께 바치는 것도, (살아있는 자들의 것이든 죽은 자들의 것이든) 죄를 용서받기 위한

1) 고전11:23-26 2) 고전10:16-21

어떠한 실제적인 희생이 존재하는 것도 아니다. 오직 그리스도가 십자가 위에서 영원히 단번에 직접 드린 그 희생을 기념할 뿐이다.[3] 그리고 이 기념에는 갈보리 십자가로 인하여 하나님께 가능한 모든 찬양으로 드리는 영적 봉헌이 수반된다.[4] 그러므로 교황주의적 미사 희생제의는 가장 혐오스러운 것이며 그리스도께서 드린 희생을 손상하는 것이다. 그리스도께서 드린 희생은 택자들의 모든 죄를 씻기 위한 유일한 속죄이다.

3 주 예수 그리스도는 이 성례전에서, 자신의 사역자들이 기도하고 떡과 포도주라는 요소에 축복한 뒤에, 성찬 참여자들에게 떡을 떼어 주고 잔을 나누어 참여하도록 정하셨다.[5]

4 참여자들에게 잔을 나누기를 거부하는 것, 성찬의 요소들을 예배하고 찬양을 바칠 정도로까지 높이거나 그럴듯한 종교적인 용도로 사용하기 위하여 보존하는 행위들은 이 성례전의 본성과 그리스도의 제정하심에 전적으로 반하는 것이다.[6]

---

3) 히9:25-28
4) 고전11:24, 마26:26-27
5) 고전11:23-26
6) 마26:26-28,15:9, 출20:4-5

5 이 성례전에서, 그리스도께서 정하신 대로 올바르게 나누고 사용된 외적인 요소들은 비록 상징적인 방식에 의해서이지만 그 외적 요소들이 가리키는 것들 즉, 그리스도의 살과 피를 가리키는 명칭으로 사용될 정도로 십자가에 달리신 그리스도와 관련이 있다.[7] 그러나 이 외적 요소들은 실질적으로는 여전히 성례전에서 사용되기 전과 마찬가지로 진정으로 떡과 포도주로 남아 있을 뿐이다.[8]

6 일반적으로 화체설이라고 알려진 교리 즉, 사제의 축성에 의해서 혹은 어떤 다른 방법에 의해서 떡과 포도주라는 실체가 그리스도의 살과 피라는 실체로 바뀌는 변화가 발생한다고 주장하는 가르침은 성경뿐만 아니라 상식과 이성에도 맞지 않는다.[9] 이것은 이 성례전의 본성을 뒤엎고, 수많은 미신과 조잡한 우상숭배의 원인일 뿐이다.[10]

7 합당하게 참여하는 자들 즉, 이 성례전의 가시적인 요소들을 외적으로 받아들일 때, 그 요소들을 육적으로가 아니라 내적이며 영적으로 즉, 참으로 실제로 믿음에 의하여 받아들이는 것이다. 그리고는 십자가에 달리신

---

7) 고전11:27

8) 고전11:26-28

9) 행3:21, 눅24:6,39

10) 고전11:24-25

그리스도와 그의 죽으심이 주는 모든 은택들을 먹는 것이다. 그리스도의 살과 피는 물질적으로 혹은 육적으로 존재해 있는 것이 아니다. 그 외적 요소들이 외적인 의미로 존재하고 있는 것처럼 이 성례전에 참여하는 사람들의 믿음에 대해 영적으로 존재하는 것이다.[11)]

8 무지하고 불경건하여 그리스도와 교제를 나누기에 적합하지 않은 모든 사람들은 마찬가지로 그리스도의 만찬에 참여할 자격이 없다. 따라서 그러한 상태에 머물러 있는 동안, 이 거룩한 신비에 즉, 성만찬에 참여하면 그리스도께 커다란 죄를 짓는 것이다.[12)] 실제로, 합당치 않게 참여하는 자들은 그리스도의 살과 피를 범하는 죄가 있으며 심판을 먹고 마시는 것이다.[13)]

---

11) 고전10:16,11:23-26

12) 고후6:14-15

13) 고전11:29, 마7:6

제31장
죽음 이후 인간의 상태와 부활에 관하여
Man's State After Death and the Resurrection

1 인간의 육신은 죽음 뒤에는 먼지로 화하며 부패를 겪는다.[1] 그러나 인간의 영혼은 죽지도 잠들지도 않고 불멸의 실체를 가지고 있기에, 그것들을 주신 하나님께로 즉각적으로 돌아간다.[2]

의로운 자들의 영혼은 그때에 완벽하게 거룩한 존재가 되며, 낙원에 들어가 그리스도와 함께 거하며, 영광과 광채 속에서 하나님의 얼굴을 바라보면서 자신들의 육신이 완전히 구속받기를 기다린다.[3]

사악한 자들의 영혼은 지옥에 던져진다. 그들은 이 지옥에서 고통과 어둠 속에서 마지막 심판을 받는 저 위대한 날까지 기다린다.[4] 이 두 장소 이외에, 육신으로부터 분리된 영혼들을 위한 다른 어떤 장소를 성경은 언급하지 않는다.

1) 창3:19, 행13:36
2) 전12:7
3) 눅23:43, 고후5:1,6-8, 빌1:23, 히12:23
4) 유6-7, 벧전3:19, 눅16:23-24

2 그 마지막 날에, 여전히 살아 있는 성도들은 잠들지 않고 변화될 것이다.[5] 그리고 죽어 있는 모든 자들이 바로 그들 자신의 육신으로, 하지만 변화된 특성을 가지고 부활하게 될 것이다.[6] 그리하여 이 육신들은 자신들의 영혼과 영원토록 결합할 것이다.[7]

3 불의한 자들의 육신은 그리스도의 능력에 의하여, 수치스러운 부활을 하게 된다. 의로운 자들의 육신은 성령에 의하여 존귀한 부활을 하게 되며, 자신의 영광스러운 몸에 일치하게 된다.[8]

---

5) 고전15:51-52, 살전4:17

6) 욥19:26-27

7) 고전15:42-43

8) 행24:15, 요5:28-29, 빌3:21

제32장

최후 심판에 관하여

The Last Judgement

1 하나님은 예수 그리스도에 의하여 즉, 성부 하나님으로부터 모든 권세와 심판권을 부여받은 예수 그리스도에 의하여 세상을 의로 심판하실 한 날을 정하셨다.[1] 이 날에 배교한 천사들뿐만 아니라, 지상 위에서 살았던 모든 사람들이 심판받을 것이다.[2] 그들은 그리스도의 보좌 앞으로 나와서 생각과 말과 행실에 대하여 보고하고, 육신에 거하면서 행한 대로 선악 간에 판단 받을 것이다.[3]

2 하나님이 이 날을 정하신 목적은 택자들의 영원한 구원에서 자신의 자비의 영광됨을 그리고 유기된 자들 즉, 사악하고 불순종하는 자들의 영원한 저주에서 자신의 정의로움을 드러내기 위한 것이다.[4] 그때에 의로운 자

---

1) 행17:31, 요5:22,27
2) 고전6:3, 유6
3) 고후5:10, 전12:14, 마12:36, 롬14:10-12, 마25:32-46
4) 롬9:22-23
5) 마25:21,34, 딤후4:8

들은 영생에 들어가 주님이 계신 그곳에서 충만한 기쁨과 영광을 영원한 상급과 함께 받게 될 것이다. 그러나 사악한 자들 즉, 하나님을 알지 못하고 예수 그리스도의 복음에 순종하지 않은 자들은 영원한 고통 속에 던져지고[5] 우리 주님의 임재로부터 그리고 주의 권세의 영광으로부터 나오는 영원한 파멸로 처벌받게 될 것이다.[6]

3 모든 사람으로 하여금 죄를 단념하도록 하고[7] 경건한 자들이 그 역경 중에 보다 큰 위안을 얻도록 하기 위하여 심판날이 올 것이라는 명확한 확신을 그리스도께서 우리에게 주시는 것처럼,[8] 그 정확한 날짜를 사람들에게는 알려 주지 않으신다. 이것은 사람들이 모든 육적 보증을 갖지 못하도록 하고, 주님이 오실 그 시간을 알지 못하기 때문에 언제나 경성하도록 하기 위한 것이다.[9] 오호라, 사람들이 "주 예수여! 속히 오소서!"라고 말하도록 하기 위한 것이다.[10] 아멘.

---

6) 마25:46, 막9:48, 살후1:7-10
7) 고후5:10-11
8) 살후1:5-7
9) 막13:35-37, 눅12:35-40
10) 계22:20

부록

벤자민 키치의 신앙문답(1677/1689)

Benjamin Keach's Catechism

찰스 스펄전의 퓨리탄 신앙문답(1855)

Charles Spurgeon's Puritan Catechism

- 카테키즘(신앙문답 혹은 교리문답) 역시 신앙고백서와 더불어 기독교 교회교육의 기본 자료로 만들어지고 사용된 것이다. 침례교회는 17세기부터 벤자민 키치가 만든 것을 사용해 왔다. 스펄전도 키치의 것을 단순화시킨 것을 사용하기도 하였다. 본서에 키치의 문답서를 번역하여 넣은 것은 ARBCA의 권고와 자료제공에 의한 것이다.
- 스펄전의 퓨리탄 신앙문답은 본래 82문답까지이고, 83문답부터는 역자가 교리교육의 필요상 첨가한 것이다.

부록 1

벤자민 키치의 신앙문답

Benjamin Keach's Catechism_1677/1689

1. 모든 존재 가운데 최초의, 최선의 존재는 누구인가?

하나님이 최초의 그리고 최선의 존재이시다.

사44:6, 시8:1, 97:9

2. 인간의 가장 중요한 목적은 무엇인가?

인간의 가장 중요한 목적은 하나님을 영화롭게 하고 하나님을 영원토록 즐거워하는 것이다.

고전10:31, 시73:25-26

3. 하나님이 존재하신다는 사실을 우리는 어떻게 아는가?

사람 안에 있는 자연의 빛, 그리고 하나님이 이루신 일들, 이것들이 하나님이 존재하신다고 분명하게 선언한다. 그러나 오직 하나님의 말씀과 성령만이 하나님을 우리에게 유효적으로 계시하여 구원에 이르게 한다.

롬1:18-20, 시19:1-2, 딤후3:15, 고전1:21-24, 2:9-10

4. 하나님의 말씀이란 무엇인가?

신적 영감에 의해 주어진 신약과 구약 성경이 하나님의 말씀 즉, 믿음과 실천의 유일하고 무오한 규칙이다.

벧후1:21, 딤후3:16-17, 사8:20

5. 성경이 하나님의 말씀인줄을 우리는 어떻게 아는가?

성경은 하나님의 말씀임을, 그 교리의 장엄함, 그 부분들의 통일성, 죄인을 회심시키고 성도들을 교화하는 그 능력에 의하여 스스로 입증한다. 그러나 우리의 마음속에서 성경에 의하여 그리고 성경으로 증거하는 오직 성령 하나님만이, 성경이 하나님의 말씀임을 우리에게 납득시킬 충분한 능력을 가지고 있다.

고전2:6-7, 13, 시119:18, 129, 행10:43, 26:22, 18:28, 히4:12, 시19:7-9, 롬15:4, 요16:13-14, 요일2:20-27, 고후3:14-17

6. 모든 사람이 성경을 사용할 수 있을까?

모든 사람에게 허용되어 있을 뿐만 아니라 성경을 읽고 듣고 이해하라는 명령과 권고가 있다.

요5:39, 눅16:29, 행8:28-30, 17:11

7. 성경의 주된 가르침은 무엇인가?

성경의 주된 가르침은 사람이 하나님에 관하여 무엇을 믿어야 하는지와 하나님이 사람에게 어떤 의무를 요구하시는지에 관한 것이다.

딤후3:16-17, 요20:31, 행24:14, 고전10:11, 전12:13

8. 하나님은 어떤 분인가?

하나님은 그 존재에 있어서 영이시며, 지혜, 능력, 거룩, 정의, 선(善), 그리고 진실에 있어서 무한하고 영원하며 불변적이시다.

요4:24, 시147:5, 90:2, 약1:17, 계4:8, 시89:14, 출34:6-7, 딤전1:17

9. 하나님은 여럿인가?

살아 계시며 참된 하나님은 오직 한 분뿐이다.

신6:4, 렘10:10

10. 한 분 하나님의 인격은 몇인가?

한 분 하나님 안에는 세 인격 즉, 성부 · 성자 · 성령이 존재한다. 이 세 인격은 한 분 하나님으로서 본질상 동일한 본체이시고 능력과 영광은 동등하시다.

고전8:6, 요10:30, 요14:9, 행5:3-4, 마28:19, 고후13:14

11. 하나님의 작정이란 무엇인가?

하나님의 작정은 하나님 자신의 의지에 따라 세운 하나님의 영원한 목적이다. 이로써 하나님은 일어나는 모든 것을 자신의 영광을 위해 예정하셨다.

엡1:11, 롬11:36, 단4:35

12. 하나님은 자신의 작정을 어떻게 실행하시는가?

하나님은 자신의 작정을, 창조와 섭리의 사역들을 통하여 실행하신다.

창1:1, 계4:11, 마6:26, 행14:17

13. 창조사역이란 무엇인가?

창조 사역이란 하나님이 자신의 능력의 말씀에 의하여, 6일 동안, 만물을 무로부터, 전적으로 선한 것으로 만드신 것이다.

창1:1, 히11:3, 출20:11, 창1:31

14. 하나님은 사람을 어떻게 창조하셨나?

하나님은 사람 즉, 남자와 여자를 지식과 의로움과 거룩함에 있어서 자신의 형상을 따라 창조하셨고, 모든 피조물을 다스리게 하셨다.

창1:27, 골3:10, 엡4:24, 창1:28

15. 하나님의 섭리사역이란 무엇인가?

하나님의 섭리사역이란 하나님의 지극히 거룩하고 지혜롭고 강력하게 모든 피조물과 그 모든 움직임을 보존하고 다스리심을 가리킨다.

느9:6, 골1:17, 히1:3, 시103:19, 마10:29-30

16. 처음 창조된 상태에 있는 사람에게 하나님은 어떤 특별한 섭리를 베푸셨는가?

하나님은 사람을 창조하신 뒤에 행위언약을 맺으셨다. 선악을 알게 하는 나무의 열매를 먹지 말라는 명령을 완벽하게 순종하는 것이 그 조건이었고 그 명령을 어기면 죽음의 고통을 겪는 것이었다.

창2:16-17, 갈3:12, 롬5:12

17. 인류의 첫 조상은 창조된 최초 상태를 지속하였는가?

우리의 첫 조상은 자신의 의지의 자유에 맡겨지자 하나님을 거슬려 죄지음으로써 최초의 창조상태를 잃었다.

창3:6, 전7:29, 롬5:12

18. 죄란 무엇인가?

죄란 하나님의 법에 일치하지 못하거나 어기는 것이다.

요일3:4, 롬5:13

19. 우리의 첫 조상이 그 최초의 창조상태를 상실하게 만든 죄는 무엇이었는가?

우리의 첫 조상이 그 최초의 창조상태를 상실하게 만든 죄는 금지된 열매를 먹은 것이었다.

창3:6, 12-13

20. 아담이 지은 첫 번째 범죄에서 모든 인류가 타락하였는가?

아담과 맺은 그 언약은 아담 자신뿐만 아니라 아담의 모든 후손을 위한 것이기 때문에 아담으로부터 이어진 모든 인류가 아담 안에서 죄를 지었고 아담의 첫 번째 범죄에서 아담과 함께 타락하였다.

고전15:22, 롬5:12

21. 그 타락으로 인해 인류는 어떤 상태가 되었는가?

그 타락으로 인해 인류는 죄와 비참의 상태에 빠지게 되었다.

시51:5, 롬5:18-19, 사64:6

22. 사람이 빠져든 그 상태의 죄악 됨은 어디에 있는가?

사람이 빠져든 그 상태의 죄악 됨은 아담의 첫 번째 죄의 죄책, 원의(原義)의 결핍, 그리고 흔히 원죄라고 부르는 본성 전체의 부패에 있다. 게다가 여기에서 비롯되는 모든 범법도 포함된다.

롬5:19, 3:10, 엡2:1, 사53:6, 시51:5, 마15:19

23. 인류가 빠져든 그 상태의 비참함은 무엇인가?

모든 인류는 타락으로 인하여 하나님과의 교제를 상실하였고 하나님의 진노와 저주 아래에 놓이게 되었다. 그래서 인류는 이생에서의 모든 비참한 것에, 사망 그 자체에, 영원토록 지옥의 고통에 처해지게 되었다.

창3:8, 24, 엡2:3, 갈3:10, 롬6:23, 마25:41-46, 시9:17

24. 하나님은 모든 인류가 죄와 비참의 상태에서 멸망하도록 내버려 두셨는가?

하나님은 영원 전부터 선한 즐거움으로부터 어떤 사람들을 영원한 생명으로 선택하여 은혜언약을 맺으셨다. 이는 그들을 죄와 비참의 상태로부터 구원하고 구속자에 의하여 구원의 상태로 이끌기 위한 것이다.

엡1:3-4, 살후2:13, 롬5:21, 행13:8, 렘31:33

25. 하나님의 택함 받은 자들의 구속자는 누구인가?

하나님의 택함을 받은 자들의 유일한 구속자는 주 예수

그리스도이시다. 이는 하나님의 영원한 아들이시지만 사람이 되어 하나님인 동시에 사람, 즉 서로 구별되는 두 본성을 가진 한 인격이 되셨으며 영원히 그렇다.

갈3:13, 딤전2:5, 요1:14, 딤전3:16, 롬9:5, 골2:9

26. 어떻게 하나님의 아들이신 그리스도가 사람이 되셨는가?

하나님의 아들 그리스도는 참된 육신과 이성적인 영혼을 입음으로써 사람이 되셨다. 그는 성령의 능력에 의하여 동정녀 마리아에게 잉태되고 그녀에게서 나셨지만 죄는 없으셨다.

히2:14, 마26:38, 눅2:52, 요12:27, 눅1:31, 35, 히4:15, 7:26

27. 그리스도는 우리의 구속자로서 어떤 직분을 수행하시는가?

우리의 구속자 그리스도는 선지자, 제사장, 왕의 직분을 비천한 상태와 존귀한 상태에서 수행하신다.

행3:22, 히5:6, 시2:6

28. 그리스도는 선지자 직분을 어떻게 수행하시는가?

그리스도는 우리 구원을 위한 하나님의 뜻을, 말씀과 성령에 의하여 우리에게 계시하심으로써 선지자직을 수행하신다.

요1:18, 14:26, 15:15

29. 그리스도는 제사장 직분을 어떻게 수행하시는가?

그리스도는 자신을 희생제물로 단번에 드려 하나님의

정의를 만족시켜 하나님과 우리를 화목케 하심으로써 그리고 우리를 위하여 지속적으로 중재하심으로써 제사장직을 수행하신다.

벧전2:24, 히9:28, 엡5:2, 히2:17, 7:25, 롬8:34

30. 그리스도는 왕의 직분을 어떻게 수행하시는가?

그리스도는 우리를 자기에게로 복속시키고, 우리를 다스리고 지켜 주시고, 자신과 우리의 모든 원수를 억제하며 정복함으로써 왕직을 수행하신다.

시110:3, 마2:6, 고전15:25

31. 그리스도가 자신을 낮추심은 어디에서 찾아볼 수 있는가?

그리스도가 자신을 낮추심은 그 태어나심에 있다. 그리하여 낮은 신분으로 태어나 율법 아래에 들어가 이생의 비참함들과 하나님의 진노와 십자가 위에서의 저주받은 죽음을 겪고 장사되어 한동안 사망의 권세 아래 있었던 것에 있다.

눅2:7, 갈4:4, 사53:3, 눅22:44, 마27:46, 빌2:8, 마12:40, 막15:45-46

32. 그리스도의 높아지심은 어디에서 찾아볼 수 있는가?

그리스도가 높이 들리신 것은 그가 삼일 째 되는 날에 죽은 자들로부터 부활하시고 하늘로 올라가셔서 상부 하나님 우편에 앉아 계시는 것에 있으며, 세상 끝 날에 세상을 심판하기 위하여 오시는 것에 있다.

고전15:4, 행1:11, 막16:19, 행17:31

33. 우리는 그리스도가 획득하신 구속에 어떻게 참여하게 되는가?

그리스도가 획득한 구속에 우리가 참여하게 되는 방법은 그 구속을 성령이 우리에게 유효적으로 적용해 주심에 의한 것이다.

요3:5-6, 딛3:5-6

34. 그리스도가 획득한 그 구속을 성령은 우리에게 어떻게 적용하시는가?

그리스도가 획득한 구속을 성령이 우리에게 적용하시는 방법은 우리 안에 믿음을 만들어 주고, 유효적 소명으로 그 믿음에 의하여 우리를 그리스도에게 연합시킴에 의한 것이다.

엡2:8, 3:17

35. 유효적 소명이란 무엇인가?

유효적 소명은 성령의 사역이다. 이 사역에 의하여 우리는 죄와 비참을 깨닫게 되고 그리스도를 아는 지식으로 우리 마음에 빛이 비춰지고, 우리의 의지가 새롭게 됨으로써 복음 안에서 우리에게 값없이 제시되는 예수 그리스도를 확신을 갖고 믿을 수 있게 되는 것이다.

딤후1:9, 요16:8-11, 행2:37, 26:18, 겔36:26, 요6:44-45, 고전12:3

36. 유효적 소명을 받는 자들은 이생에서 어떤 은택에 참여하는가?

유효적 소명을 받는 자들은 이생에서 의롭다 하심, 자녀로 받아 주심, 거룩케 하심, 그리고 이생에서 그것들에

동반하거나 그것들로부터 나오는 여러 가지 은택들에 참여한다.

롬8:30, 갈3:26, 고전6:11, 롬8:31-32, 엡1:5, 고전1:30

37. 의롭다 하심(稱義)이란 무엇인가?

의롭다 하심이란 하나님의 자유로운 은혜의 행위로써 하나님이 우리의 모든 죄를 용서하시고 우리를 의로운 자로 여겨 받아 주시는 것이다. 이것은 우리에게 전가되고 오직 믿음에 의해서만 받아들여지는 그리스도의 의로우심 오직 그 의(義) 때문이다.

롬3:24, 엡1:7, 고후5:21, 롬5:19, 빌3:9, 갈2:16

38. 자녀로 받아 주심(收養)이란 무엇인가?

자녀로 받아 주심(收養)이란 하나님의 값없는 은혜의 행위로써 우리가 하나님의 권속으로 받아들여지고 하나님 자녀가 갖는 모든 특권에 대한 권리를 소유하게 되는 것이다.

요일3:1, 요1:12, 롬8:16-17

39. 거룩케 하심(聖化)이란 무엇인가?

거룩케 하심이란 성령의 사역으로써, 우리를 하나님의 형상에 따라 전인격적으로 새롭게 하여 점점 더 죄에 대하여 죽고 의에 대해서는 살 수 있도록 해 주시는 것을 말한다.

살후2:13, 엡4:23-24, 롬6:11

40. 이생에서 칭의, 수양, 성화에 수반하거나 그것들로부터 나오는 은택들은 무엇인가?

이생에서 수양, 성화로부터 나오거나 수반하는 은택들은 하나님의 사랑에 대한 확신, 양심의 평화, 성령 안에서의 즐거움, 은혜의 증가와 끝까지 은혜 가운데 지켜 주심이다.

롬5:1-5, 14:17, 잠4:18, 벧전1:5, 요일5:13

41. 믿는 자들은 죽을 때에 그리스도로부터 어떤 은택들을 받는가?

신자의 영혼은 죽을 때에 거룩함이 완성되고 즉각적으로 영광으로 들어가며 그 육신은 지속적으로 그리스도와 연합된 채 부활 때까지 무덤에 머무른다.

히12:23, 빌1:23, 고후5:8, 눅23:43, 살전4:14, 사57:2, 욥19:26

42. 믿는 자들은 부활할 때에 그리스도로부터 어떤 은택들을 받는가?

부활할 때에 신자들은 영광의 부활을 하여 심판날에 공개적으로 인정받고 무죄선고를 받을 것이다. 그리고 영혼과 육신 모두 완전한 축복을 받고 하나님을 영원토록 완벽하게 즐거워하게 될 것이다.

빌3:20-21, 고전15:42-43, 마10:32, 요일3:2, 살전4:17

43. 악한 자들은 죽을 때에 어떻게 되는가?

악한 자들의 영혼은 죽을 때에 지옥의 고통에 던져지고 그 육신은 저 큰 날의 부활과 심판 때까지 무덤에 누워 있는다.

눅16:22-24, 시49:14

44. 악한 자들은 심판날에 어떻게 되는가?

심판날에 악한 자들의 육신이 무덤에서 나와서 자신들의 영혼과 하나되어 선고를 받아 사단과 그의 천사들과 함께 말로 형언할 수 없는 고통에 영원토록 던져질 것이다.

단12:2, 요5:28-29, 살후1:9, 마25:41

45. 하나님이 사람에게 요구하시는 의무는 무엇인가?

하나님이 사람에게 요구하시는 의무는 하나님의 계시된 의지에 대한 순종이다.

미6:8, 전12:13, 시119:4, 눅10:26-28

46. 순종의 규칙으로 삼으라고 하나님이 맨 먼저 계시하신 것은 무엇인가?

하나님이 사람에게 순종하라고 먼저 계시해 주신 규칙은 도덕법이었다.

롬2:14-15, 5:13-14

47. 도덕법이 간결하게 파악되어 있는 곳은 어디인가?

도덕법은 십계명에 간결하게 파악되어 있다.

신10:4, 마19:17

48. 십계명의 요점은 무엇인가?

십계명의 요점은 주 우리 하나님을 우리의 온 마음으로, 우리의 온 영혼으로, 우리의 온 힘을 다해, 우리의 모든 생각을 다해 사랑하는 것과 우리 이웃을 우리 자신처럼 사랑하는 것이다.

마22:37-40, 막12:28-33

49. 십계명의 머리말은 무엇인가?

십계명에 붙인 머리말은 "나는 너를 애굽 땅, 종 되었던 집에서 인도하여 낸 너의 하나님 여호와로라" 이다.

출20:2

50. 십계명의 머리말은 우리에게 무엇을 가르쳐 주는가?

십계명의 머리말이 우리에게 가르쳐 주는 것은 하나님은 주(主)이시며 우리의 신(神)이요 구속자이기 때문에 우리는 그의 모든 계명을 지켜야 한다는 것이다.

신11:1

51. 그 첫 번째 계명은 무엇인가?

첫 번째 계명은 "너는 나 외에 다른 어떤 신도 내 앞에 두지 말라" 이다.

출20:3

52. 이 첫 계명에서 요구하는 것은 무엇인가?

이 첫 계명이 우리에게 요구하는 것은 하나님이 유일하고 참된 하나님이시며 우리의 하나님이심을 알고 인정하는 것이며, 따라서 그 하나님을 경배하고 영광을 드리는 것이다.

수24:15, 대상28:9, 신26:17, 시29:2, 마4:10

53. 이 첫 번째 계명에서 금하는 것은 무엇인가?

이 첫 번째 계명은 참된 하나님을 하나님이시요 우리 하나님이심을 부정하는 것 혹은 경배하고 영광을 드리지 않는 것, 그리고 오직 참된 하나님에게만 드려야 마땅한 경배와 영광을 다른 어떤 신(神)에게 드리는 것을 금한다.

수24:27, 롬1:20-21, 시14:1, 롬1:25

54. 첫 번째 계명에 있는 "내 앞에"라는 말은 특히 무엇을 가르쳐 주는가?

첫 번째 계명의 "내 앞에"라는 말이 우리에게 가르쳐 주는 것은 만물을 살피시는 하나님은 다른 어떤 신을 두는 죄에 주목하고 많이 불쾌해하신다는 것이다.

신30:17-18, 시44:20-21, 시90:8

55. 두 번째 계명은 무엇인가?

두 번째 계명은 "너를 위하여 새긴 우상을 만들지 말고 또 위로 하늘에 있는 것이나 아래로 땅에 있는 것이나 땅 아래 물 속에 있는 것의 아무 형상이든지 만들지 말며 그것들에게 절하지 말며 그것들을 섬기지 말라 나 여호와 너의 하나님은 질투하는 하나님인즉 나를 미워하는 자의 죄를 갚되 아비로부터 아들에게로 삼사 대까지 이르게 하거니와 나를 사랑하고 내 계명을 지키는 자에게는 천 대까지 은혜를 베푸느니라"라는 것이다.

출20:4-6

56. 이 두 번째 계명에서 요구하는 것은 무엇인가?

두 번째 계명에서 요구하는 것은 이 모든 예배와 규례들을 받아들이고 준수하고, 하나님이 자기 말씀 속에서 정하신 대로 순수하고 온전한 상태로 유지하는 것이다.

신32:46, 마28:20, 신12:32

57. 두 번째 계명에서 금지하는 것은 무엇인가?

두 번째 계명은 형상을 사용하거나 하나님이 말씀에서 정해 주시지 않은 다른 방법으로 하나님을 예배하는 것을 금한다.

롬1:22-23, 신4:15-16, 마15:9, 골2:18

58. 두 번째 계명에 덧붙여진 근거는 무엇인가?

두 번째 계명에 병기된 이유는 우리에 대한 하나님의 주권, 우리 안에 있는 그의 정당성, 하나님이 자기 자신의 예배에 대해 가지고 계신 열정이다.

시45:11, 출34:14, 고전10:22

59. 세 번째 계명은 무엇인가?

세 번째 계명은 "너는 너의 하나님 여호와의 이름을 망령되이 일컫지 말라 나 여호와는 나의 이름을 망령되이 일컫는 자를 죄 없다 하지 아니하리라"이다.

출20:7

60. 세 번째 계명에서 요구하는 것은 무엇인가?

세 번째 계명은 하나님의 이름, 직함, 속성, 규례, 말씀,

행하심을 거룩하고 경건하게 사용할 것을 요구한다.

시29:2, 신32:1-4, 28:58-59, 시111:9, 마6:9, 전5:1, 시138:2, 욥36:24, 계15:3-4, 4:8

61. 세 번째 계명에서 금하는 것은 무엇인가?

세 번째 계명이 금하는 것은 하나님이 자신을 알리는 데 사용하시는 것을 속되게 하거나 남용하는 일체의 것이다.

말1:6-7, 레20:3, 19:12, 마5:34-37, 사52:5

62. 세 번째 계명에 덧붙여진 근거는 무엇인가?

세 번째 계명에 덧붙여진 근거는 이 계명을 어기는 자들이 사람들로부터의 처벌을 제아무리 회피할지라도 주 우리 하나님은 그들이 하나님의 의로운 심판을 피하게 하시지 않으신다는 것이다.

신28:58-59, 말2:2

63. 네 번째 계명은 무엇인가?

네 번째 계명은 "안식일을 기억하여 거룩히 지키라 엿새 동안은 힘써 네 모든 일을 행할 것이나 제 칠일은 너의 하나님 여호와의 안식일인즉 너나 네 아들이나 네 딸이나 네 남종이나 네 여종이나 네 육축이나 네 문안에 유하는 객이라도 아무 일도 하지 말라 이는 엿새 동안에 나 여호와가 하늘과 땅과 바다와 그 가운데 모든 것을 만들고 제 칠일에 쉬었음이라 그러므로 나 여호와가 안식일을 복되게 하여 그 날을 거룩하게 하였느니라" 이다.
출20:8-11

64. 네 번째 계명에서 요구하는 것은 무엇인가?

네 번째 계명은 하나님이 자신의 말씀에서 정해 두신 때 즉, 7일 중에 하루 전체를 안식일로 삼아 하나님께 거룩하게 드릴 것을 요구한다.
레19:30, 신5:12

65. 하나님은 칠일 가운데 어떤 날을 그 주(周)의 안식일로 정하셨는가?

세상을 창조하신 때로부터 그리스도께서 부활하실 때까지 하나님은 그 주간의 일곱 번째 날을 안식일로 정하셨다. 그 이후로부터 세상 끝날까지 계속해서는 그 주간의 첫 번째 날을 안식일로 삼으셨다. 이것이 기독교적 안식일이다.
창2:3, 요20:19, 행20:7, 고전16:1-2, 계1:10

66. 안식일을 거룩하게 구별하여 드리는 것은 어떻게 한다는 것인가?

안식일은 다른 날에 하던 합법적인 혹은 세속적 활동과 오락을 삼가고 거룩한 휴식을 취하는 데에 사용하고, 하나님을 경배하기 위한 공적 및 사적인 활동에 전 시간을 사용하는 데에 그 날 전체를 바침으로써 안식일을 거룩하게 한다. 그러나 반드시 필요한 일과 자비를 베푸는 일은 할 수 있다.

레23:3, 시92:1-2, 사58:13-14, 사66:23, 마12:11-12

67. 네 번째 계명에서 금하는 것은 무엇인가?

네 번째 계명에서는 요구된 의무에 태만하거나 소홀히 이행하는 것, 게으름에 의해 안식일을 더럽히거나 그 자체로 악한 것을 행하거나, 세속적 직업이나 여흥에 관한 불필요한 말과 행위에 의해 더럽히는 것을 금한다.

겔22:26, 23:38, 렘17:21, 느13:15, 17, 행20:7

68. 네 번째 계명에 덧붙여진 근거는 무엇인가?

네 번째 계명에 덧붙여진 근거는 하나님은 우리에게 그 주간의 육일을 우리 자신의 직업을 위하여 사용하도록 허락하셨고 일곱 번째 날에는 특별한 정당성을 가진 일을 하라고 하나님이 촉구하셨으며 그 자신이 직접 모범을 보이셨고 그 안식일을 축복하신 것이다.

출34:21, 31:16-17, 창2:2-3

69. 다섯 번째 계명은 무엇인가?

다섯 번째 계명은 "네 부모를 공경하라 그리하면 너의 하나님 나 여호와가 네게 준 땅에서 네 생명이 길리라"라는 것이다.

출20:12

70. 다섯 번째 계명이 요구하는 것은 무엇인가?

다섯 번째 계명은 모든 사람이 상급자, 하급자 혹은 동급자로서의 자신들의 여러 위치 및 관계에서 갖게 되는 의무들을 이행하고 그 명예를 지킬 것을 요구한다.

레19:32, 벧전2:17, 롬13:1, 엡5:21-22, 6:1-5, 9, 골3:19-22, 롬12:10

71. 다섯 번째 계명에서 금하는 것은 무엇인가?

다섯 번째 계명은 모든 사람이 각자의 몇몇 위치와 관계에서 갖고 있는 명예 및 의무를 무시하거나 반하는 것을 금한다.

잠30:17, 롬13:7-8

72. 다섯 번째 계명에 덧붙여진 근거는 무엇인가?

다섯 번째 계명에는 (하나님을 영화롭게 하고 그들 자신의 선에 기여한다면) 이 계명을 준수하는 모든 사람들에게 장수와 번영을 주시겠다는 약속이 첨가되어 있다(엡6:2-3).

엡6:2-3, 잠4:3-6, 6:20-22

73. 여섯 번째 계명은 무엇인가?

여섯 번째 계명은 "살인하지 말지니라" 이다.

출20:13

74. 여섯 번째 계명에서 요구하는 것은 무엇인가?

여섯 번째 계명은 우리 자신의 생명과 다른 사람들의 생명을 보존하기 위한 모든 합법적인 노력을 요구한다.

엡5:29-30, 시82:3-4, 잠24:11-12, 행16:28

75. 여섯 번째 계명에서 금지하는 것은 무엇인가?

여섯 번째 계명은 우리 자신의 생명이나 우리 이웃의 생명을 부당하게 해치거나(창9:6) 혹은 그런 경향이 있는 어떤 것도 금한다.

창4:10-11, 9:6, 마5:21-26

76. 일곱 번째 계명은 무엇인가?

일곱 번째 계명은 "간음하지 말지니라" 이다.

출20:14

77. 일곱 번째 계명에서 요구하는 것은 무엇인가?

일곱 번째 계명은 마음과 말과 행위에 있어서 우리 자신과 우리 이웃의 정절을 보존할 것을 요구한다.

고전6:18, 7:2, 딤후2:22, 마5:28, 벧전3:2

78. 일곱 번째 계명에서 금지하는 것은 무엇인가?

일곱 번째 계명은 모든 정숙치 못한 생각과 말 그리고 행동을 금지한다.

마5:28-32, 욥31:1, 엡5:3-4, 롬13:13, 골4:6

79. 여덟 번째 계명은 무엇인가?

여덟 번째 계명은 "도적질하지 말지니라" 이다.

출20:15

80. 여덟 번째 계명에서 요구하는 것은 무엇인가?

여덟 번째 계명은 우리 자신 및 다른 사람들의 부와 외적 자산을 합법적으로 획득하고 증진할 것을 요구한다.

잠27:23, 레25:35, 신15:10, 22:14

81. 여덟 번째 계명에서 금지하는 것은 무엇인가?

여덟 번째 계명은 우리 자신의 소유나 이웃의 부 혹은 외적 자산을 부당하게 훼방하거나 그렇게 할 수 있는 어떤 행동이라도 금지한다.

딤전5:8, 잠28:19, 23:20-21, 엡4:28

82. 아홉 번째 계명은 무엇인가?

아홉 번째 계명은 "네 이웃에 대하여 거짓 증거하지 말지니라" 이다.

출20:16

83. 아홉 번째 계명에서 요구하는 것은 무엇인가?

아홉 번째 계명은 사람과 사람 사이에서 진리를 그리고 특히, 증언하는 일에서 우리 자신과 우리 이웃의 명예를 유지하고 증진할 것을 요구한다.

슥8:16, 행25:10, 전7:1, 요삼12, 잠14:5, 25

84. 아홉 번째 계명에서 금하는 것은 무엇인가?

아홉 번째 계명은 진리에 대해 편파적이거나 우리 자신 혹은 우리 이웃의 좋은 평판을 해치는 것은 무엇이든 금한다.

엡4:25, 시15:3, 고후8:20-21

85. 열 번째 계명은 무엇인가?

열 번째 계명은 "네 이웃의 집을 탐내지 말지니라 네 이웃의 아내나 그의 남종이나 그의 여종이나 그의 소나 그의 나귀나 무릇 네 이웃의 소유를 탐내지 말지니라" 이다.

출20:17

86. 열 번째 계명에서 요구하는 것은 무엇인가?

열 번째 계명은 우리 이웃과 그의 모든 소유에 대한 올바르고 관대한 정신구조를 가지고 우리 자신의 상태에 대해 충분히 만족할 것을 요구한다.

히13:5, 딤전6:6, 롬12:15, 고전13:4-7, 레19:18

87. 열 번째 계명에서 금지하는 것은 무엇인가?

열 번째 계명은 우리 자신의 재산에 대해 불만족해 하는 것과 우리 이웃의 물건을 탐내거나 그 때문에 괴롭게 만드는 것을 금하고, 이웃이 소유하고 있는 어떤 것에 대한 지나친 감정과 애착 일체를 금지한다.

고전10:10, 약5:9, 갈5:26, 골3:5

88. 하나님이 주신 이 계명들을 완벽하게 지킬 수 있는 사람이 있는가?

인류가 타락한 이후에 하나님의 계명을 완벽하게 지키면서 살 수 있는 사람은 하나도 없다. 오히려 생각과 말과 행위로 매일 계명을 어길 뿐이다.

전7:20, 창6:5, 8:21, 요일1:8, 약3:8, 3:2, 롬3:23

89. 그렇다면 타락 사건 이후에 율법의 목적은 무엇인가?

타락 이후에 율법의 목적은 하나님의 백성들이 평생토록 하나님의 뜻을 알도록 하고 자신의 죄를 깨달은 경건치 않은 자들이 그리스도 안에서 삼가고 그리스도에게로 이끌려 구원받도록 하기 위하여 하나님의 완벽한 의를 계시하는 것이다.

시19:7-11, 롬3:20, 31, 7:7, 딛2:12-14, 갈3:22-24, 딤전1:8

90. 율법을 어기는 모든 범법이 똑같이 가증스러운가?

어떤 죄들은 그 자체가 그리고 여러 가지 악질적인 것들로 인해 하나님 보시기에 다른 죄악들보다 더욱 가증스럽다.

겔8:13, 요19:11, 요일5:16

91. 모든 죄가 당연히 받는 보응은 무엇인가?

모든 죄는 이생과 다가올 생 모두에서 하나님의 진노와 저주를 받을 만하다.

엡5:6, 갈3:10, 잠3:33, 시11:6, 계21:8

92. 우리가 지은 죄 때문에 당연히 받는 하나님의 진노와 저주로부터 피하도록 하기 위해 하나님이 우리에게 무엇을 요구하시는가?

우리 죄로 인한 하나님의 진노와 저주로부터 피하도록 하기 위해서 하나님이 우리에게 요구하시는 것은 예수 그리스도를 믿는 믿음과 생명에 이르는 회개, 그리고 그리스도가 구속의 은택들을 우리에게 전달해 주는 외적 및 일반적 수단의 근면한 사용이다.

행20:21, 16:30-31, 17:30

93. 예수 그리스도를 믿는다는 것은 무엇인가?

예수 그리스도를 믿는 믿음은 "구원받게 하는 은혜"이다. 우리는 예수 그리스도가 복음에서 우리에게 제시될 때 이 은혜에 의하여 그리스도를 받아들이고 오직 그만을 의지하여 구원받게 된다.

히10:39, 요1:12, 빌3:9, 갈2:15-16

94. "생명에 이르는 회개"란 무엇인가?

"생명에 이르는 회개" 또한, 그리스도 안에 있는 하나님의 자비를 깨닫고 죄인이 자신의 죄를 참으로 느끼게 되어 자기 죄를 슬퍼하고 증오하면서 하나님께로 돌이키고 죄를 등지게 만들어 주는 "구원받게 하는 은혜"이다. 이런 회개를 통해 하나님께로 돌이킨 사람은 새로운 순종을 추구하겠다는 완전한 목적을 품게 된다.

행2:37, 엘2:13, 렘31:18-19, 고후7:10-11, 롬6:18

95. 그리스도가 구속의 은택들을 우리에게 전달해 주는 데 사용하는 외적 및 일반적인 수단은 무엇인가?

그리스도가 그리스도의 구속에 따르는 은택들을 우리에게 전달해 주는 데 사용하는 외적이고 일반적인 수단들은 그리스도의 규례들 특히 말씀, 침례, 주의 만찬, 기도이다. 이 모든 것들은 택자들에게 효과적이 되어 구원에 이르게 한다.

롬10:17, 약1:18, 고전3:5, 행14:1, 2:41-42

96. 어떻게 해서 말씀이 구원을 낳게 되는가?

성령 하나님이 말씀 읽는 것 특히, 말씀 전하는 것을 죄인들이 죄를 자각하고 회개케 하며 그들을 거룩함과 위로 가운데 세워 주고, 믿음을 통하여 구원에 이르게 하는 효과적인 수단으로 만들어 준다.

시119:11, 18, 살전1:6, 벧전2:1-2, 롬1:16, 시19:7

97. 말씀이 구원에 효과적이 되도록 하기 위해서는, 어떻게 읽고 들어야 하는가?

말씀이 구원에 효과적인 것이 되도록 하기 위해서는 근면, 준비, 기도로 말씀에 귀를 기울여야 하고, 믿음과 사랑으로 말씀을 받아들이고, 말씀을 우리 마음속에 간직하고, 우리의 삶속에서 말씀을 실천하지 않으면 안된다.

잠8:34, 벧전2:1-2, 딤전4:13, 히2:1-3, 4:2, 살후2:10, 시119:11, 약1:25

98. 침례와 주의 만찬은 어떻게 해서 영적으로 도움이 되는가?

침례와 주의 만찬은 구원의 유효적인 수단이 된다. 그러나 그것은 성례전 자체에 혹은 성례전을 시행하는 사람에게 어떤 공덕이 있어서가 아니다. 오직 그리스도의 축복과 그 성례전을 믿음으로 받아들이는 사람 안에서 성령 하나님이 역사하심에 의해서만 그렇게 된다.

벧전3:21, 고전3:6-7, 고전12:13

99. 침례와 주의 만찬은 하나님의 다른 규례들과 어떤 점에서 다른가?

침례와 주의 만찬은 새 언약의 은택들을 가시적이며 외적인 징표에 의해 나타내고 신자들에게 적용시켜 주기 위하여 그리스도가 특별히 세우신 것들이라는 점에서 다른 것들과 다르다.

마28:19, 행22:16, 마26:26-28, 롬6:4

100. 침례는 무엇인가?

침례는 거룩한 규례이다. 여기에서 성부와 성자와 성령의 이름으로 물로 씻는다는 것은 그리스도에게로 접붙여진다는 것과 은혜언약의 은택들에 참여한다는 것 그리고 우리가 주의 것이 된다는 것을 나타낸다.

마28:19, 롬6:3-5, 골2:12, 갈3:27

101. 침례를 어떤 사람에게 시행해야 하는가?

하나님을 향한 회개와 우리 주 예수 그리스도를 믿는 믿음을 실제로 고백하는 모든 사람에게 시행해야 한다. 그 이외에는 안 된다.

행2:38, 마3:6, 막16:16, 행8:12, 36, 10:47-48

102. 신자들의 유아들에게도 침례를 주어야 하는가?

신자들의 유아들에게 침례를 주어서는 안 된다. 성경에는 유아들에게 침례를 주라는 명령이나 명확한 사례가 없으며, 침례를 주라는 결론도 없기 때문이다.

103. 침례를 올바르게 시행하는 방법은 무엇인가?

성부와 성자와 성령의 이름으로 침수, 즉 온 몸을 물 속에 담그는 것이 침례의 올바른 시행 방법이다.

마3:16, 요3:23, 행8:38-39

104. 올바르게 침례 받은 자의 의무는 무엇인가?

예수 그리스도의 가시적이고 질서정연한 교회에 헌신(연합)하여 주님이 주신 모든 계명들과 규례들에 있어서 흠 없이 행하도록 하는 것이 올바르게 침례 받은 자의 의무이다.

행2:46-47, 9:26, 벧전2:5, 히10:25, 롬16:5

105. 가시적(可視的) 교회란 무엇인가?

가시적 교회란 복음이 참으로 전파되고 침례와 주의 만찬이 올바르게 시행되는 모든 시대의 모든 곳에 존재하는, 믿음을 고백하는 신자들의 조직화된 단체이다.

행2:42, 20, 7, 7:38, 엡4:11-12

106. 비가시적(非可視的) 교회란 무엇인가?

비가시적 교회란 머리이신 그리스도 아래로 하나로 통

합되었거나 되어 있거나 될 택자들의 총수(總數)이다.

엡1:10, 1:22-23, 요10:16, 11:52

107. 주의 만찬은 무엇인가?

주의 만찬은 거룩한 규례이다. 여기에서 그리스도가 정하신 대로 떡과 포도주를 주고받음으로써 그의 죽으심을 나타낸다. 합당하게 받는 자들은 육적이고 속된 방법이 아니라 믿음에 의하여 그리스도의 살과 피에 참여하는 자가 되고 그리스도의 모든 은택을 받아 영적으로 성장하고 은혜 안에서 자라게 된다.

고전11:23-26, 10:16

108. 주의 만찬을 합당하게 받는 것에는 무엇이 요구되는가?

주의 만찬에 합당하게 (즉, 적절하게) 참여하고자 하는 사람들에게 요구되는 것은 주의 몸을 분간하는 지식, 그를 인하여 자라나는 믿음, 회개, 사랑, 새로운 순종에 관하여 자기 자신을 검토함으로써 합당치 않게 참여하여 심판을 먹고 마시지 않도록 하는 것이다.

고전11:27-31, 5:8, 고후13:5

109. 기도란 무엇인가?

기도란 우리가 바라는 것들을 하나님께 표출하는 것으로서 하나님의 뜻에 부합하는 것들을 그리스도의 이름으로 우리의 죄에 대한 고백과 그리스도가 베푸신 자비에 대한 감사의 인정과 더불어 구하는 것이다.

요일5:14, 1:9, 빌4:6, 시10:17, 145:19, 요14:13-14

110. 우리가 기도할 때 방침으로 삼으라고 하나님이 주신 규칙은 무엇인가?

하나님의 말씀 전체가 기도할 때 우리의 방침으로 유용하다. 그러나 방침으로 삼을만한 특별한 규칙은 그리스도가 제자들에게 가르친 기도 흔히 주기도문이라고 하는 것이다.

마6:9-13, 딤후3:16-17

111. 주기도문의 서문은 우리에게 무엇을 가르치는가?

주기도문의 서문 즉, "하늘에 계신 우리 아버지여"는 자녀가 아버지에게로 가까이 다가가듯이 우리를 도와줄 기꺼운 마음과 능력을 가지신 하나님께로 모든 거룩한 경외심과 확신을 가지고 다가가라고 가르치며, 우리는 다른 사람들과 함께 그리고 다른 사람들을 위하여 기도해야 한다고 가르친다.

마6:9, 눅11:13, 롬8:15, 행12:5, 딤전2:1-3

112. 첫 번째 간구에서 우리는 무엇을 위하여 기도하는가?

첫 번째 탄원 즉, "이름이 거룩히 여김을 받으시오며" 에서 우리는 하나님이 자신을 알리는 모든 것에서 우리와 다른 사람들이 하나님을 영화롭게 하도록 만들어 주실 수 있기를, 그리고 하나님이 모든 것들을 하나님 자신의 영광을 위하여 처분하시기를 기도한다.

마6:9, 시67:1-3, 롬11:36, 계4:11

113. 두 번째 간구에서 우리는 무엇을 위하여 기도하는가?

두 번째 간구 즉, "나라이 임하옵시며" 에서 우리는 사단의 왕국이 파멸당하기를, 은혜의 나라가 확장되고 우리 자신과 다른 사람들이 그 나라에 들어가 거하기를, 영광의 나라가 속히 오기를 기도한다.

마6:10, 시68:1-18, 롬10:1, 살후3:1, 마9:37-38, 계22:20

114. 세 번째 간구에서 우리는 무엇을 위하여 기도하는가?

세 번째 간구 즉, "뜻이 하늘에서 이룬 것같이 땅에서도 이루어지이다" 에서 우리는 하늘에서 천사들이 그러는 것처럼 모든 것에서 하나님의 뜻을 우리도 알고 순종하고 복종할 수 있도록 하나님이 은혜로 그렇게 만들어 주시기를 기도한다.

마6:10, 시103:20-21, 25:4-5, 119:26

115. 네 번째 간구에서 우리는 무엇을 위하여 기도하는가?

네 번째 간구 즉, "오늘날 우리에게 일용할 양식을 주옵시고" 에서 우리는 하나님의 자유로운 은사로부터 이생의 좋은 것들의 정당한 몫을 받고 그것들과 더불어 축복을 누리게 되기를 기도한다.

마6:11, 잠30:8-9, 딤전6:6-8, 4:4-5

116. 다섯 번째 간구에서 우리는 무엇을 위하여 기도하는가?

다섯 번째 간구 즉, "우리가 우리에게 죄지은 자를 사하여 준 것같이 우리 죄를 사하여 주옵시고" 에서 우리는 하나님이 그리스도로 인하여 우리의 모든 죄악을 값없이 용서해 주시기를 기도한다. 하나님의 은혜로 인하여 우리는 마음으로부터 다른 사람들을 용서할 수 있게 되었기 때문에 그와 같이 간구할 용기를 얻었다.

마6:12, 시51:1-7, 막11:25, 마18:35

117. 여섯 번째 간구에서 우리는 무엇을 위하여 기도하는가?

여섯 번째 간구 즉, "우리를 시험에 들게 하지 마옵시고 다만 악에서 구하옵소서" 에서 우리는 우리가 죄에 유혹당하지 않도록 지켜 주시거나 우리가 유혹당할 때 우리를 붙잡아 주시어 구원해 주시기를 기도한다.

마6:13, 26:41, 시19:13, 고전10:13, 요17:15

118. 주기도문의 결론은 우리에게 무엇을 가르치는가?

주기도문의 결론 즉, "나라와 권세와 영광이 아버지께 영원히 있사옵나이다. 아멘" 은 우리에게 우리의 기도 속에서 오직 하나님께로부터 용기를 얻을 것과 우리의 기도 속에서 나라와 권세와 영광을 하나님께 돌림으로써 하나님을 찬양하라고 가르친다. 우리의 소망을 증거하고 우리의 기도를 들으신다는 확신 속에서 우리는 "아멘" 이라고 말한다.

마6:13, 단9:18-19, 대상29:11-13, 고전14:16, 빌4:6, 계22:20

부록 2

찰스 스펄전의 퓨리탄 신앙문답

Charles Spurgeon's Puritan Catechism_1855

1. 인생의 가장 중요한 목적은 무엇인가?

하나님을 영화롭게 하고(고전10:31) 영원히 하나님을 즐거워하는 것, 그것이 가장 중요한 목적이다.

2. 하나님이 우리를 이 목적을 성취하는 길로 이끌기 위하여 주신 규칙은 무엇인가?

신구약 성경의 하나님 말씀(엡2:20, 딤후3:16)은 우리가 하나님을 영화롭게 하고 하나님을 영원히 즐거워하는 길로 우리를 이끌어 주는 유일한 규칙이다(요일1:3).

3. 이 성경의 주요한 가르침은 무엇인가?

성경이 주로 가르치는 것은 하나님에 관하여 우리가 믿어야 하는 것은 무엇인가와 하나님께서 어떤 의무를 요구하시는가이다(딤후1:13, 전12:13).

4. 우리의 하나님은 어떤 분인가?

하나님은 그 존재(출3:14)에 있어서 영이시며(요4:24), 지혜,

능력(시147:5), 거룩(계4:8), 정의, 선 그리고 진실(출34:6-7)에 있어서, 무한하고(욥11:7), 영원하며(시90:2, 딤전1:17), 불변적이시다(약1:17).

5. 하나님은 여럿인가?

살아 계시며 참된 하나님은 오직 한 분뿐이다(신6:4, 렘10:10).

6. 한 분 하나님의 인격은 몇인가?

한 분 하나님 안에는 세 인격 즉, 성부 · 성자 · 성령이 존재한다. 이 세 인격은 한 분 하나님으로서, 본질상 동일한 본체이시고 능력과 영광은 동등하시다(요일5:7, 마28:19).

7. 하나님의 작정이란 무엇인가?

하나님의 작정은 하나님 자신의 의지의 계획에 따라 세운 하나님의 영원한 목적이다. 이로써 하나님은 일어나는 모든 것을 자신의 영광을 위하여 예정하셨다(엡1:11-12).

8. 하나님은 자신의 작정을 어떻게 실행하시는가?

하나님은 자신의 작정들을 창조(계4:11)와 섭리(단4:35)를 통하여 실행하신다.

9. 창조사역이란 무엇인가?

창조사역이란 하나님이 자신의 능력의 말씀에 의하여(히11:3), 6일 동안(출20:11), 만물을 무로부터(창1:1), 전적으로 선한 것으로(창1:31) 만드신 것을 가리킨다.

10. 하나님은 사람을 어떻게 창조하셨는가?

하나님은 사람 즉, 남자와 여자를 지식과 의로움과 거룩함에 있어서(골3:10, 엡4:24) 자신의 형상을 따라(창1:27) 창조하셨고, 모든 피조물을 다스리게 하셨다(창1:28).

11. 하나님의 섭리사역이란 무엇인가?

하나님의 섭리사역이란 하나님의 지극히 거룩하고,(시145:17) 지혜롭고,(사28:29) 강력하게(히1:3) 모든 피조물과 그 모든 움직임을 보존하고 다스리심을 가리킨다(시103:19, 마10:29).

12. 처음 창조된 상태에 있는 사람에게 하나님은 어떤 특별한 섭리를 베푸셨는가?

하나님은 사람을 창조하신 뒤에 생명의 언약을 맺어 주셨다. 선악을 알게 하는 나무의 열매를 먹지 말라는 명령을 완벽하게 순종하는 것이 그 조건이었고(갈3:12) 그 명령을 어기면 죽음의 고통을 겪는 것이었다(창2:17).

13. 인류의 첫 조상은 창조된 최초 상태를 지속하였는가?

우리의 첫 조상은 자신의 뜻대로 살게 되자 하나님을 거슬려 죄지음으로써(전7:29) 즉, 금지된 열매를 먹음으로써(창3:6-8) 최초의 창조상태를 잃었다.

14. 죄란 무엇인가?

죄는 하나님의 법에 일치하지 못하거나 어기는 것이다(요일3:4).

15. 아담이 지은 첫 번째 범죄에서 모든 인류가 타락하였는가?

아담과 맺은 그 언약은 아담 자신뿐만 아니라 아담의 모든 후손을 위한 것이기 때문에 아담으로부터 이어진 모든 인류가 아담 안에서 죄를 지었고 아담의 첫 번째 범죄에서 아담과 함께 타락하였다(고전15:22, 롬5:12).

16. 그 타락으로 인해 인류는 어떤 상태가 되었는가?

그 타락으로 인해 인류는 죄와 비참의 상태에 빠지게 되었다(롬5:18).

17. 사람이 빠져든 그 상태의 죄악 됨은 어디에 있는가?

사람이 빠져든 그 상태의 죄악 됨은 아담의 첫 번째 죄의 죄책(롬5:19), 원의(原義)의 결핍(롬3:10), 그리고 흔히 원죄라고 부르는 본성 전체의 부패에 있다(엡2:1, 시51:5). 게다가 여기에서 비롯되는 모든 범법도 포함된다(마15:19).

18. 인류가 빠져든 그 상태의 비참함은 무엇인가?

모든 인류는 타락으로 인하여 하나님과의 교제를 상실하였고(창3:8, 24), 하나님의 진노와 저주 아래에 놓이게 되었다(엡2:3, 갈3:10). 그래서 인류는 이생에서의 모든 비참한 것에, 사망 그 자체에, 영원토록 지옥의 고통에 처해지게 되었다(롬6:23, 마25:41).

19. 하나님은 모든 인류가 죄와 비참의 상태에서 멸망하도록 내버려 두셨는가?

하나님은 영원 전부터 선한 즐거움으로부터 어떤 사람

들을 영원한 생명으로 선택하여(살후2:13) 은혜언약을 맺으셨다. 이는 그들을 죄와 비참의 상태로부터 구원하고 구속자에 의하여 구원의 상태로 이끌기 위한 것이다(롬5:21).

20. 하나님의 택함 받은 자들의 구속자는 누구인가?

하나님의 택함을 받은 자들의 유일한 구속자는 주 예수 그리스도이시다(딤전2:5). 이는 하나님의 영원한 아들로서 사람이 되어(요1:14), 하나님인 동시에 사람 즉, 서로 구별되는 두 본성을 가진 한 인격이 되셨으며 영원히 그렇다(딤전3:16, 골2:9).

21. 어떻게 하나님의 아들이신 그리스도가 사람이 되셨는가?

하나님의 아들 그리스도는 참된 육신(히2:14)과 이성적인 영혼(마26:38, 히4:15)을 입음으로써 사람이 되셨다. 그는 성령의 능력에 의하여 동정녀 마리아에게 잉태되고 그녀에게서 나셨지만(눅1:31, 35) 죄는 없으셨다(히7:26).

22. 그리스도는 우리의 구속자로서 어떤 직분을 수행하시는가?

우리의 구속자 그리스도는 선지자(행3:22), 제사장(히5:6), 왕(시2:6)의 직분을 비천한 상태와 존귀한 상태에서 수행하신다.

23. 그리스도는 선지자 직분을 어떻게 수행하시는가?

그리스도는 우리 구원을 위한 하나님의 뜻을 말씀(요20:31)과 성령(요14:26)에 의하여 우리에게 계시하심으로써 선지자직을 수행하신다.

24. 그리스도는 제사장 직분을 어떻게 수행하시는가?

그리스도는 자신을 희생제물로 단번에 드려 하나님의 정의를 만족시켜(히9:28) 하나님과 우리를 화목케(히2:17) 하심으로써, 그리고 우리를 위하여 지속적으로 중재하심으로써 제사장직을 수행하신다(히7:25).

25. 그리스도는 왕의 직분을 어떻게 수행하시는가?

그리스도는 우리를 자기에게로 복속시키고(시110:3), 우리를 다스리고 지켜 주고(마2:6, 고전15:25), 자신과 우리의 모든 원수들 억제하며 정복함으로써 왕직을 수행하신다.

26. 그리스도가 자신을 낮추심은 어디에서 찾아볼 수 있는가?

그리스도가 자신을 낮추심은 그 태어나심에 있다. 그리하여 낮은 신분(눅2:7)으로 태어나 율법 아래에 들어가(갈4:4) 이생의 비참함들과(사53:3) 하나님의 진노(마27:46)와 십자가 위에서의 저주받은 죽음(빌2:8)을 겪고 장사되어 한동안 사망의 권세 아래 있었던 것에 있다(마12:40).

27. 그리스도의 높아지심은 어디에서 찾아볼 수 있는가?

그리스도가 높이 들리신 것은 그가 삼일 째 되는 날에 죽은 자들로부터 부활하시고(고전15:4), 하늘로 올라가서서 성부 하나님 우편에 앉아 계시는 것에 (막16:19)있으며, 세상 끝 날에 세상을 심판하기 위하여 오시는 것에 있다.

28. 우리는 그리스도가 획득하신 구속에 어떻게 참여하게 되는가?

그리스도가 획득한 구속에 우리가 참여하게 되는 방법은 그 구속을 성령이(딛3:5-6) 우리에게 유효적으로 적용해 주심에 의한 것이다(요1:12).

29. 그리스도가 획득한 그 구속을 성령은 우리에게 어떻게 적용시켜 주는가?

그리스도가 획득한 구속을 성령이 우리에게 적용시켜 주는 방법은 우리 안에 믿음을 만들어 주고(엡2:8), 유효적 소명으로 그 믿음에 의하여 우리를 그리스도에게 연합시킴에 의한 것이다(엡3:17).

30. 유효적 소명이란 무엇인가?

유효적 소명은 성령의 사역이다(딤후1:9). 이 사역에 의하여 우리는 죄와 비참을 깨닫게 되고(행2:37), 그리스도를 아는 지식으로 우리 마음에 빛이 비춰지고(행26:18), 우리의 의지가 새롭게 됨으로써(겔36:26), 복음 안에서 우리에게 값없이 제시되는 예수 그리스도를 확신을 갖고 믿을 수 있게 되는 것이다(요6:44-45).

31. 유효적 소명을 받는 자들은 이생에서 어떤 은택에 참여하는가?

유효적 소명을 받는 자들은 이생에서 의롭다 하심(롬8:30), 자녀로 받아주심(엡1:5), 거룩케 하심, 그리고 이생에서 그것들에 동반하거나 그것들로부터 나오는 여러 가지 은택들에 참여한다(고전1:30).

32. **의롭다 하심(稱義)이란 무엇인가?**

의롭다 하심은 하나님의 자유로운 은혜의 행위로써 하나님이 우리의 모든 죄를 용서하시고(롬3:24, 엡1:7), 우리를 의로운 자로 여겨 받아 주신다(고후5:21). 이것은 우리에게 전가되고(롬5:19) 오직 믿음에 의해서만 받아들여지는(갈2:16, 빌3:9) 그리스도의 의로우심, 오직 그 의(義)때문이다.

33. **자녀로 받아 주심(收養)이란 무엇인가?**

수양 즉, 자녀로 받아 주신다는 것은 하나님의 자유로운 은혜의 행위(요일3:1)로써 우리가 하나님의 권속으로 받아들여지고 하나님 자녀가 갖는 모든 특권에 대한 권리를 소유하게 되는 것이다(요1:12, 롬8:17).

34. **거룩케 하심(聖化)이란 무엇인가?**

거룩케 하심은 성령의 사역으로써(살후2:13) 우리를 하나님의 형상에 따라 전인격적으로 새롭게 하여(엡4:24) 점점 더 죄에 대하여 죽고 의에 대해서는 살 수 있도록 해 주시는 것을 말한다(롬6:11).

35. **이생에서 칭의, 수양, 성화에 수반하거나 그것들로부터 나오는 은택들은 무엇인가?**

이생에서 칭의로부터 나오거나 동반하는 은택들은(롬5:1-2, 5) 하나님의 사랑에 대한 확신, 양심의 평화, 성령 안에서의 즐거움(롬14:17), 은혜의 증가와 끝까지 은혜 가운데 지켜 주심(잠4:18, 요일5:13, 벧전1:5)이다.

36. 믿는 자들은 죽을 때에 그리스도로부터 어떤 은택들을 받는가?

신자의 영혼은 죽을 때에 거룩함이 완성되고(히12:23) 즉각적으로 영광으로 들어가며(빌1:23, 고후5:8, 눅23:43), 그 육신은 지속적으로 그리스도와 연합된 채(살전4:14) 부활 때까지(욥19:26) 무덤에 머무른다(사57:2).

37. 믿는 자들은 부활 때에 그리스도로부터 어떤 은택들을 받는가?

부활할 때에 신자들은 영광의 부활을 하여(고전15:43) 심판날에 공개적으로 인정받고 무죄선고를 받을 것이다(마10:32). 그리고 영혼과 육신 모두 완전한 축복을 받고 하나님을 영원토록(살전4:17) 완벽하게 즐거워하게 될 것이다(요일3:2).

38. 악한 자들은 죽을 때에 어떻게 되는가?

악한 자들의 영혼은 죽을 때에 지옥의 고통에 던져지고(눅16:22-24) 그 육신은 저 큰 날의 부활과 심판 때까지 무덤에 누워 있는다(시49:14).

39. 악한 자들은 심판날에 어떻게 되는가?

심판날에 악한 자들의 육신이 무덤에서 나와서 자신들의 영혼과 하나되어 선고를 받아 사단과 그의 천사들과 함께 말로 형언할 수 없는 고통에 영원토록 던져질 것이다(단12:2, 요5:28-29, 살후1:9, 마25:41).

40. 하나님이 사람에게 순종하라고 계시하신 규칙은 무엇인가?

하나님이 사람에게 순종하라고 먼저 계시해 주신 규칙은 도덕법이다(신10:4, 마19:17). 이 도덕법은 열 개의 계명(십계명)에 요약되어 있다.

41. 십계명의 요점은 무엇인가?

십계명의 요점은 주 우리 하나님을 우리의 온 마음으로, 우리의 온 영혼으로, 우리의 온 힘을 다해, 우리의 모든 생각을 다해 사랑하는 것과 우리 이웃을 우리 자신처럼 사랑하는 것이다(마22:37-40).

42. 그 첫 번째 계명은 무엇인가?

첫 번째 계명은 "너는 나 외에 다른 어떤 신도 내 앞에 두지 말라"(출20:3)이다.

43. 이 첫 계명에서 요구하는 것은 무엇인가?

이 첫 계명이 우리에게 요구하는 것은 하나님이 유일하고 참된 하나님이시며 우리의 하나님이심을 알고(대상28:9) 인정하는 것(신26:17)이며, 따라서 그 하나님을 경배하고 영광을 드리는 것이다(마4:10).

44. 두 번째 계명은 무엇인가?

두 번째 계명은 "새긴 형상이나, 위로 하늘에 있는 것이나 아래 땅에 있는 것이나 땅 아래 물 속에 있는 것의 형상을 만들어 가지지 말라 그것들에게 절하지 말고 섬기지도 말라 주 너의 하나님은 질투하는 하나님이며 나를 미워하는 자들의 불법을 자식들에게 삼사 대까지 갚고, 나를 사랑하여 내 계명을 지키는 자들에게는 수천 대까지 자비를 베푸시는 하나님이다"라는 것이다.

45. 이 두 번째 계명에서 요구하는 것은 무엇인가?

두 번째 계명에서 요구하는 것은 이 모든 예배와 규례들을 받아들이고 준수하고(신32:46, 마28:20), 하나님이 자기 말씀 속에서 정하신 대로 순수하고 온전한 상태로 유지하는 것이다(신12:32).

46. 두 번째 계명에서 금지하는 것은 무엇인가?

두 번째 계명은 형상을 사용하거나(신4:15-16) 하나님이 말씀에서 정해 주시지 않은 다른 방법으로(골2:18) 하나님을 예배하는 것을 금한다.

47. 세 번째 계명은 무엇인가?

세 번째 계명은 "주 너의 하나님의 이름을 헛된 것으로 취급하지 말라 그 이름을 헛된 것으로 취급하는 자를 죄 없다고 하지 않겠다"라는 것이다(출20:7).

48. 세 번째 계명에서 요구하는 것은 무엇인가?

세 번째 계명은 하나님의 이름(시29:2), 직함, 속성(계15:3-4), 규례(전5:1), 말씀(시138:2), 행하심(욥36:24, 신28:58-59)을 거룩하고 경건하게 사용할 것을 요구한다.

49. 네 번째 계명은 무엇인가?

네 번째 계명은 "안식일을 기억하여 거룩하게 지켜라. 육일 동안은 수고하여 네 모든 일을 하라. 그러나 일곱 번째 날은 주 네 하나님의 안식일이다. 이 날에는 아무 일도 하지 말라. 너나 네 아들이나 네 딸이나 네 남종이나 여종이나 네 가축이나 네 문안에 있는 이방인도 일해서는 안 된다. 주 하나님은 육일 동안 하늘과 땅 그리고 거기에 있는 모든 것들을 지으시고 일곱째 날에 안식을 취하셨다. 주 하나님은 그 안식일을 축복하여 거룩하게 하셨다" 이다(출20:8-11).

50. 네 번째 계명에서 요구하는 것은 무엇인가?

네 번째 계명은 하나님이 자신의 말씀에서 정해 두신 때 즉, 7일 중에 하루 전체를 안식일로 삼아 하나님께 거룩하게 드릴 것을 요구한다(레19:30, 신5:12).

51. 안식일을 거룩하게 구별하여 드리는 것은 어떻게 한다는 것인가?

다른 날에는 합법적인, 세속적 활동과 오락을 삼가고(레23:3) 거룩한 휴식을 취하는 데에 사용하고, 하나님을 경배하기 위한 공적 및 사적인 활동에 전 시간을 사용하는 데에 그 날 전체를 바침으로써 안식일을 거룩하게 한다(시92:1-2, 사58:13-14). 그러나 반드시 필요한 일과 자비를 베푸는 일은 할 수 있다(마12:11-12).

52. 다섯 번째 계명은 무엇인가?

다섯 번째 계명은 "네 부모를 공경하라. 그리해야 주 너의 하나님이 네게 준 땅에서 오래 살 수 있을 것이다"라는 것이다(출20:12).

53. 다섯 번째 계명이 요구하는 것은 무엇인가?

다섯 번째 계명은 모든 사람이 상급자(엡5:21-22, 6:1, 롬13:1), 하급자(엡6:9) 혹은 동급자(롬12:10)로서의 자신들의 여러 위치 및 관계에서 갖게 되는 의무들을 이행하고 그 명예를 지킬 것을 요구한다.

54. 다섯 번째 계명에 덧붙여진 것은 무엇인가?

다섯 번째 계명에는, 하나님을 영화롭게 하고 그들 자신의 선에 기여한다면 이 계명을 준수하는 모든 사람들에게 장수와 번영을 주시겠다는 약속이 첨가되어 있다(엡6:2-3).

55. 여섯 번째 계명은 무엇인가?

여섯 번째 계명은 "살인하지 말라"이다(출20:13).

56. 여섯 번째 계명에서 금지하는 것은 무엇인가?

여섯 번째 계명은 우리 자신의 생명(행16:28)이나 우리 이웃의 생명을 부당하게 해치거나(창9:6) 혹은 그런 경향이 있는 어떤 것도 금한다(잠24:11-12).

57. 일곱 번째 계명은 무엇인가?

일곱 번째 계명은 "간음하지 말라" 이다.

58. 일곱 번째 계명에서 금지하는 것은 무엇인가?

일곱 번째 계명은 모든 정숙치 못한 생각(마5:28, 골4:6)과 말(엡5:4, 딤후2:22) 그리고 행동(엡5:3)을 금지한다.

59. 여덟 번째 계명은 무엇인가?

여덟 번째 계명은 "도적질하지 말라"(출20:15)이다.

60. 여덟 번째 계명에서 금지하는 것은 무엇인가?

여덟 번째 계명은 우리 자신의 소유(딤전5:8, 잠21:6, 28:19)나 이웃의 부 혹은 외적 자산(엡4:28)을 부당하게 훼방하거나 그렇게 할 수 있는 어떤 행동이라도 금지한다.

61. 아홉 번째 계명은 무엇인가?

아홉 번째 계명은 "네 이웃에 대해 거짓 증거하지 말라" 이다(출20:16).

62. 아홉 번째 계명에서 요구하는 것은 무엇인가?

아홉 번째 계명은 사람과 사람 사이에서의 진리를(슥8:16) 그리고 특히, 증언하는 일에서(잠14:4, 25) 우리 자신과(벧전3:16, 행25:10) 우리 이웃의 명예를(요삼1:12) 유지하고 증진할 것을 요구한다.

63. 열 번째 계명은 무엇인가?

열 번째 계명은 "네 이웃의 집을 탐내지 말라 네 이웃의 아내나 그의 남종이나 그의 여종이나 그의 소나 그의 나귀나 네 이웃이 소유하고 있는 어떤 것도 탐내지 말라" 이다(출20:17).

64. **열 번째 계명에서 금지하는 것은 무엇인가?**

열 번째 계명은 우리 자신의 재산에 대해 불만족해 하는 것과(고전10:10) 우리 이웃의 물건을 탐내거나 그 때문에 괴롭게 만드는 것(갈5:26)을 금하고, 이웃이 소유하고 있는 어떤 것에 대한 지나친 감정과 애착 일체를 금지한다(골3:5).

65. **하나님이 주신 이 계명들을 완벽하게 지킬 수 있는 사람이 있는가?**

인류가 타락한 이후에 하나님의 계명을 완벽하게 지키면서 살 수 있는 사람은 하나도 없다(전7:20). 오히려 생각(창8:21)과 말(약3:8)과 행위(약3:2)로 매일 계명을 어길 뿐이다.

66. **율법을 어기는 모든 범법이 똑같이 가증스러운가?**

어떤 죄들은 그 자체가 그리고 여러 가지 악질적인 것들로 인해 하나님 보시기에 다른 죄악들보다 더욱 가증스럽다(요19:11, 요일5:15).

67. **모든 죄가 당연히 받는 보응은 무엇인가?**

모든 죄는 이생과 다가올 생 모두에서 하나님의 진노와 저주를 받을 만하다(엡5:6, 시11:6).

68. **우리가 지은 죄 때문에 당연히 받는 하나님의 진노와 저주로부터**

우리는 어떻게 피할 수 있는가?

우리 죄로 인한 하나님의 진노와 저주로부터 피하기 위해서는 주 예수 그리스도를 믿고(요3:16), 오직 그 피와 의로움에 의탁하지 않으면 안 된다. 이 믿음에는 과거에 대한 회개가 수반되고(행20:21) 미래의 거룩함으로 연결된다.

69. 예수 그리스도를 믿는다는 것은 무엇인가?

예수 그리스도를 믿는 믿음은 "구원받게 하는 은혜"이다(히10:39). 우리는 예수 그리스도가 복음에서 우리에게 제시될 때 이 은혜에 의하여 그리스도를 받아들이고(요1:12) 오직 그만을 의지하여 구원받게 된다(사33:22).

70. "생명에 이르는 회개"란 무엇인가?

"생명에 이르는 회개" 또한 그리스도 안에 있는 하나님의 자비를 깨닫고(엘2:13) 죄인이 자신의 죄를 참으로 느끼게 되어(행2:37) 자기 죄를 슬퍼하고 증오하면서 하나님께로 돌이키고 죄를 등지게 만들어 주는 "구원받게 하는 은혜"이다(렘31:18-19). 이런 회개를 통해 하나님께로 돌이킨 사람은 새로운 순종을 추구하겠다는 완전한 목적을 품게 된다(시119:59).

71. 성령이 구속의 은택들을 우리에게 전달해 주는 데 사용하는 외적 수단들은 무엇인가?

성령이 그리스도의 구속의 은택들을 우리에게 전달해 주는 데 사용하는 외적이고 일반적인 수단들은 영혼들을 영적 생명으로 낳게 하는 수단인 말씀, 침례, 주의 만찬, 기도, 묵상이다. 이 모든 것들을 통하여 신자들은 그들의 가장 거룩한 믿음 안에서 자라난다(행2:41-42, 약1:18).

72. 어떻게 해서 말씀이 구원을 낳게 되는가?

성령 하나님이 말씀 읽는 것 특히, 말씀 전하는 것을, 죄인들이 죄를 자각하고 회개케 하며(시19:7) 그들을 거룩함과 위로 가운데 세워 주고(살전1:6) 믿음을 통하여 구원에 이르게 하는(롬1:16) 효과적인 수단으로 만들어 준다.

73. 말씀이 구원에 효과적이 되도록 하기 위해서는 어떻게 읽고 들어야 하는가?

말씀이 구원에 효과적인 것이 되도록 하기 위해서는 근면(잠8:34), 준비(벧전2:1-2), 기도(시119:18)로 말씀에 귀를 기울여야 하고, 믿음(히4:2)과 사랑(살후2:10)으로 말씀을 받아들여 진실로 우리 마음속에 간직하고(시119:11) 우리의 삶 속에서 말씀을 실천하지 않으면 안 된다(약1:25).

74. 침례와 주의 만찬은 어떻게 해서 영적으로 도움이 되는가?

침례와 주의 만찬은 영적으로 도움이 된다. 그러나 그것은 성례전 자체에 혹은 성례전을 시행하는 사람에게 어떤 공덕이 있어서가 아니다(고전3:7, 벧전3:21). 오직 그리스도의 축복(고전3:6)과 성례전을 믿음으로 받아들이는 사람 안에서 성령 하나님이 역사하심(고전12:13)에 의해서만 그렇게 된다.

75. 침례는 무엇인가?

침례는 신약성경의 의식이며 예수 그리스도가 제정하여(마28:19) 세운 것으로써 침례 받는 자에게는 자신의 죽음과 장사지냄과 부활에 참여한다는 교제의 징표가 되며(롬6:3, 골2:12), 그가 그리스도에게 접붙여지고(갈3:27), 죄용서 받고(막1:4, 행22:16), 자신을 예수 그리스도를 통하여 하나님께 드려 새생명 가운데 살며 행한다는 징표가 된다(롬6:4-5).

76. 침례를 어떤 사람에게 시행해야 하는가?

하나님을 향한 회개(행2:38, 마3:6, 막16:16, 행8:12, 36-37, 10:47-48)와 우리 주 예수 그리스도를 믿는 믿음을 실제로 고백하는 모든 사람에게 시행해야 한다. 그 이외에는 안 된다.

77. 신자들의 유아들에게도 침례를 주어야 하는가?

신자들의 유아들에게 침례를 주어서는 안 된다. 성경에는 유아들에게 침례를 주라는 명령이나 명확한 사례가 없다(출23:13, 잠30:6).

78. 침례를 올바르게 시행하는 방법은 무엇인가?

그리스도가 세우셨고 사도들이 행한 대로 성부와 성자와 성령의 이름으로(마28:19-20) 침수 즉, 온 몸을 물 속에 담그는 것이 침례의 올바른 시행 방법이다(마3:16, 요3:23). 사람들이 세운 전통을 따라 물을 뿌리거나 몸의 일부만 담그는 것은 올바른 방법이 아니다(요4:1-2, 행8:38-39).

79. 올바르게 침례 받은 자의 의무는 무엇인가?

예수 그리스도의 개별적이고 질서정연한 교회에 헌신하여(행2:47, 9:26, 벧전2:5) 주님이 주신 모든 계명들과 규례들에 있어서 흠없이 행하도록 하는 것이(눅1:6) 올바르게 침례받은 자의 의무이다.

80. 주의 만찬은 무엇인가?

주의 만찬은 신약성경의 의식이며 예수 그리스도가 세우셨다. 예수 그리스도가 정하신 대로 떡과 포도주를 주고받음으로써 그의 죽으심을 나타낸다(고전11:23-26). 합당하게 받는 자들은 육적이고 속된 방법이 아니라 믿음에 의하여 그리스도의 살과 피에 참여하는 자가 되고 그리스도의 모든 은택을 받아 영적으로 성장하고 은혜 안에서 자라게 된다(고전10:16).

81. 주의 만찬을 합당하게 받는 것에는 무엇이 요구되는가?

주의 만찬에 합당하게 참여하고자 하는 사람들에게 요구되는 것은 주의 몸을 분간하는 지식(고전11:28-29), 그를 인하여 자라나는 믿음(고후13:5), 회개(고전11:31), 사랑(고전11:18-20), 새로운 순종(고전5:8)에 관하여 자기 자신을 검토함으로써 합당치 않게 참여하여 심판을 먹고 마시지 않도록 하는 것이다(고전11:27-29).

82. 사도 바울이 주의 만찬을 언급하면서 사용한 "그가 오실 때까지"라는 말은 무슨 뜻인가?

이 말이 우리에게 주는 명백한 가르침은 우리 주 예수 그리스도가 다시 오실 것이며, 이 재림은 모든 신자들의 즐거움이며 소망이라는 사실이다(행1:11, 살전4:16).

83. 기도란 무엇인가?

기도란 하나님의 자녀가 주 예수 그리스도의 이름으로, 그 마음과 생각을 열어 하나님께 고하고, 하나님의 뜻에 합당한 것을 간구하며 그 은혜에 감사하는 교통함을 가리킨다(눅18:1-14, 잠28:9, 마7:7-8, 눅11:9-13).

84. 기도가 필요한 이유는 무엇인가?

우리의 구원뿐만 아니라 이 땅위에서 우리에게 필요한 모든 것을 하나님 아버지로부터 받지 않고는 우리의 영혼과 육신을 한 순간도 지탱할 수 없기 때문이며(막14:38), 예수 그리스도를 통하여 하나님과 교제를 나누지 않고는 한 순간도 올바르게 살 수 없기 때문이며(마26:41), 하나님은 우리의 기도에 귀를 기울이시겠다고 약속하셨기 때문이다(마7:7-8, 21:22, 눅11:9-11).

85. 하나님께서 어떤 기도를 즐거이 들어주시는가?

전적으로 하나님과 하나님의 말씀만을 믿고 의지하는 순전한 마음(시145:18-20, 요4:22-24), 하나님 앞에 자신의 부족함을 철저히 인정하는 겸손한 마음(시2:11), 우리 자신때문이 아니라 우리 주 예수 그리스도의 이름 때문에 우리의 기도를 들어주신다는 견고한 확신(단9:17-19, 마7:8, 막11:24, 요14:13-14)으로 드리는 기도를 즐거이 들으신다.

86. 우리는 기도를 통해 무엇을 구할 수 있는가?

우리의 영혼과 육신에 필요한 모든 것들을 구하라 하셨다. 그러나 먼저 하나님의 나라와 의를 구하라고 주님께서 가르치셨다(요14:13-14, 마6:33).

87. 우리 주님께서 기도의 모범을 가르쳐 주셨는가?

주님께서 기도의 모범을 친히 가르치셨다(마6:9-13) 즉, "하늘에 계신 우리 아버지여, 이름이 거룩히 여김을 받으시오며, 나라이 임하옵시며, 뜻이 하늘에서 이룬 것같이 땅에서도 이루어지이다. 오늘날 우리에게 일용할 양식을 주옵시고, 우리가 우리에게 죄 지은 자를 사하여 준 것같이 우리 죄를 사하여 주옵시고, 우리를 시험에 들게 하지 마옵시고 다만 악에서 구하옵소서. 나라와 권세와 영광이 아버지께 영원히 있사옵나이다. 아멘."

88. 주님께서 가르치신 기도가 "하늘에 계신 우리 아버지여"로 시작하는 이유는 무엇인가?

우리 하나님은 세상에 있는 그 어떤 피조물보다 높은 위엄과 능력을 가지신, 하늘에 계시는 전능하신 하나님이시기 때문이며(행17:24-25) 거기에서 자기 자녀들에게 귀를 기울이신다는 사실을 깨우쳐 주기 위함이다(마6:25-34, 롬 8:31).

89. 주기도문의 첫 번째 간구는 무엇인가?

첫 번째 간구는 "이름이 거룩히 여김을 받으시오며"이다.

하나님을 올바르게 알고 영화롭게 하는 것이 모든 피조물이 존재하는 첫 번째 목적이기 때문이다. 그러므로 특히, 하나님의 자녀들은 이 목적을 언제나 변함없이 마음에 새기고 살아야 한다는 교훈을 가르치는 것이다(렘 9:23-24, 마16:17, 요17:3, 출34:5-8, 롬11:33, 신6:1-9).

90. 주기도문의 두 번째 간구는 무엇인가?

두 번째 간구는 "나라이 임하옵시며"이다.

하나님의 은혜롭고 영광스러운 다스림이 여기 이 땅위에서도 속히 그리고 완전히 이루어지고 악과 악에 속한 모든 것이 속히 멸망하기를 간절히 바라는 성도의 마음을 표현한 것이며 성도들이 이 땅위에서 이루어야 할 목표가 무엇인지를 표현한 것이다(시119:5, 122:6-9, 마6:33, 행2:42-47).

91. 주기도문의 세 번째 간구는 무엇인가?

"뜻이 하늘에서 이룬 것같이 땅에서도 이루어지이다"가 세 번째 간구이다.

하나님의 은혜를 통하여 우리와 세상 만물이 하나님의

뜻과 목적에 전적으로 순종할 수 있게 되기를 원함을 구하는 것이며, 우리의 직분과 소명을 다 할 수 있게 되기를 간구하는 것이다(마7:21, 16:24-26, 롬12:1-2, 딛2:11-12, 고전7:17-24, 엡6:5-9).

92. 주기도문의 네 번째 간구는 무엇인가?

네 번째 간구는 "오늘날 우리에게 일용할 양식을 주옵시고"이다.

우리의 생명을 유지하기 위해 필요한 모든 것이 전적으로 하늘의 하나님으로부터만 온다는 사실을 인정하는 것이며, 따라서 세상에 속한 어떤 피조물이 아니라 오직, 전적으로 하나님만을 신뢰하고 의지하며 날마다 살아가기를 간구하는 것이다(시104:27-30, 145:15-16, 마6:25-34, 시55:22, 히13:5-6).

93. 주기도문의 다섯 번째 간구는 무엇인가?

다섯 번째 간구는 "우리가 우리에게 죄 지은 자를 사하여 준 것같이 우리 죄를 사하여 주옵시고"이다.

우리에게 있던 많은 죄악을 하나님이 우리 주 예수 그리스도로 인하여 단번에 용서해 주셨음을 잊지 않고 감사하며, 또한 죄용서에 대한 담대한 확신을 간구하는 것이다(시51:1-7, 143:2, 롬8:2).

94. 주기도문의 여섯 번째 간구는 무엇인가?

여섯 번째 간구는 "우리를 시험에 들게 하지 마옵시고

다만 악에서 구하옵소서" 이다.

우리의 철저한 연약함과 무익함을 인정하고 하나님의 자비와 성령의 능력이 우리를 떠나가지 않고 우리를 지속적으로 돌보아 주시기를 간구하는 것이다(시103:14-16, 요15:1-5, 고전10:13, 살전3:13, 5:23).

95. 주기도문을 마칠 때 "나라와 권세와 영광이 아버지께 영원히 있사옵니다"라는 말을 하는 이유는 무엇인가.

우리의 모든 간구와 바램, 그리고 우리의 삶의 목적을 이루기 위한 모든 능력은 전적으로 오직 하나님에게서만 나오며 하나님만을 위한 것임을 고백하고, 그러하기에 우리의 기도와 응답을 통하여 오직 하나님 우리 아버지만이 영광을 받기를 간구하는 것이다(시115:1, 요14:13).

96. 맨 마지막에 "아멘"이라고 하는 이유는 무엇인가?

하나님, 하늘에 계신 우리 아버지는 우리의 마음과 기도에 귀를 들이시고 응답하심을 우리가 확신하고 있다는 표로 붙이는 것이다(사65:24, 고후1:20, 딤후2:13).

97. 예배는 무엇인가?

예배란 하나님이 자신을 경배하라고 부르신 거룩한 부름에 응답하여 주 예수 그리스도의 이름으로 주의 말씀에 귀를 기울이며 주께 드릴 예물을 가지고 감사와 찬양으로 하나님께 나아가는 것이다(대상16:29, 느9:6, 시5:7, 22:29, 29:2, 95:6, 사19:21).

98. 예배는 언제 드리는 것인가?

우리의 모든 삶이 하나님의 부르심에 응답하여 나아가는 예배의 삶이지만 특별히 개인적으로, 가정에서, 그리고 교회에서 따로 시간을 떼어 거룩한 예배로 드린다(롬12:1, 벧전2:5-9, 행2:46, 히10:25).

99. 예배는 어떻게 드려야 하는가?

신령과 진정으로(요4:23-24) 즉, 하나님의 말씀과 성령의 인도하심을 의지하여 진실한 마음으로 드려야 한다.

100. 예배에 꼭 필요한 것은 무엇인가?

하나님의 말씀을 바르게 선포하고 가르치는 것과 그 말씀을 진심으로 청종하며 찬양하고 감사하는 마음, 기도와 헌상이 있어야 한다.

101. 헌상 즉, 예물을 드린다는 것은 무엇인가?

하나님의 명령대로 하나님의 것을 하나님께 드리는 것이다. 나의 삶 전체를 드린다는 뜻으로 주일을 구별하여 예배로 드리고, 나의 모든 것은 주님께로부터 받은 것을 인정하고 감사하는 뜻으로 예물을 구별하여 드리는 것이다(창14:17-20, 시50:12, 레21:6, 신12:12, 고후9:1-15, 막12:41).

102. 하나님은 왜 헌상을 요구하시는가?

우리의 생명과 활동, 우리가 누리는 모든 것들이 다 하나님의 것이며 하나님의 영광을 위한 것이기 때문이다.

그리고 하나님의 요구에 예수 그리스도의 이름으로 순종하는 것이 우리의 본분이며 축복받는 삶을 살 수 있는 길이기 때문이다(빌4:1-23, 엡5:20).